"十二五"职业教育国家规划教材
经全国职业教育教材审定委员会审定
汽车类专业"互联网+"创新教材

修订版

电控发动机维修

第 3 版

主　编　李　雷
副主编　李　虎　赵计平
参　编　梁代春　袁苗达　兰文奎　蒋　沛

机械工业出版社

本书为"十二五"职业教育国家规划教材修订版。

本书借鉴了国际职业教育的先进教学理念，突出了"以行业需求为导向、以能力为本位、以学生为中心"的原则，对接1+X证书职业技能标准，把行业能力标准作为专业课程教学目标和鉴定标准，根据行业能力要求组织教学内容，着重介绍了电控发动机的组成系统、维护程序、故障诊断与排除的方法。本书针对初学者的特点设计教学活动，在开发中贯穿"工作过程系统化"的课程开发理念，将教学活动与模拟或真实的工作场所相融合，在教学中采用灵活的考核鉴定方法，提供了教学评估工具，以满足学习者学习需求。

本书内容翔实新颖、浅显易懂、图文并茂，提供了教学视频（扫描二维码观看）；重在实践技能的培养，可作为高等职业院校汽车维修相关专业的教材，也可以作为汽车维修服务人员的自学用书和汽车维修企业的员工培训教学材料。

本书配有电子课件、试卷及答案等，凡使用本书作为教材的教师均可登录机械工业出版社教育服务网（www.cmpedu.com）注册后免费下载。咨询电话：010-88379375。

图书在版编目（CIP）数据

电控发动机维修/李雷主编. —3版. —北京：机械工业出版社，2021.4（2022.1重印）

"十二五"职业教育国家规划教材：修订版. 汽车类专业"互联网+"创新教材

ISBN 978-7-111-67810-6

Ⅰ. ①电… Ⅱ. ①李… Ⅲ. ①汽车 - 电子控制 - 发动机 - 车辆修理 - 高等职业教育 - 教材 Ⅳ. ①U472.43

中国版本图书馆 CIP 数据核字（2021）第 051355 号

机械工业出版社（北京市百万庄大街22号　邮政编码100037）
策划编辑：葛晓慧　　责任编辑：葛晓慧　张双国
责任校对：王明欣　　封面设计：严娅萍
责任印制：张　博
涿州市般润文化传播有限公司印刷
2022年1月第3版第2次印刷
184mm×260mm · 13.25印张 · 305千字
标准书号：ISBN 978-7-111-67810-6
定价：45.00元

电话服务　　　　　　　　网络服务
客服电话：010-88361066　机　工　官　网：www.cmpbook.com
　　　　　010-88379833　机　工　官　博：weibo.com/cmp1952
　　　　　010-68326294　金　书　网：www.golden-book.com
封底无防伪标均为盗版　机工教育服务网：www.cmpedu.com

前 言

FOREWORD

本书是在进行广泛的行业调研的基础上,根据《汽车维修技术人员培训能力标准》中的核心能力标准《QTPBE137 维护和维修电子点火发动机控制系统》《QTPBE148 检测、诊断发动机控制系统的电气和电子故障》等编写的。

本书借鉴了德国、澳大利亚等国际职业教育的先进教学理念,按照"以行业需求为导向、以能力为本位、以学生为中心"的原则,对接 1 + X 证书职业技能标准,把行业能力标准作为专业课程教学目标和鉴定标准,按照行业能力要求组织教学内容,在教材开发中贯穿"工作过程系统化"的课程开发理念,针对高职学生的学习特征设计教学活动。本书设计的教学活动环境主要设置在模拟或真实的工作场所,学生通过完成教师布置的任务掌握必需的理论知识与实践技能;通过实际案例分析、实际故障的排除等活动来培养分析解决问题能力等;在学习中培养维修规范,形成学生的职业道德;通过小组活动培养学生与人交流、团队合作等社会能力。书中有机融入了课程思政、劳动教育的内容。

本书提供了鉴定计划和鉴定工具,利于教学中学生进行自我鉴定或教师进行鉴定并收集证据。同时开发了教学评估工具,形成教与学的互动,利于教师及时调整教学计划和教学方法,满足学习者需求。

本书共分为 3 个单元,按照学习者循序渐进的认知规律进行编写。单元一是认识发动机电控系统,帮助学习者认识汽车电控发动机工作的有关知识。单元二是维护和检查发动机电控系统,帮助学习者形成维护和检查电控发动机各个系统的能力。单元三是诊断与排除发动机电控系统故障,帮助学习者形成诊断与排除电控发动机故障的能力。

本书可作为高等职业院校汽车维修相关专业的教材,也可以作为汽车维修服务人员的自学用书和汽车维修企业的员工培训教学材料。本书的建议学时为 120 学时。

本书由重庆工业职业技术学院李雷担任主编,李虎、赵计平担任副主编。其中,单元一中任务 2 由袁苗达编写、任务 3 由赵计平编写、任务 4 由梁代春编写、任务 5 由兰文奎编写,单元二任务 2 由李虎、蒋沛编写,其余部分均由李雷编写。

本书在编写过程中参考了大量国内外有关书籍和借鉴行业汽车维修手册和培训资料,谨在此向其作者及资料提供者表示深切的谢意。特别感谢重庆市汽车维修行业技术专家们的大力支持。

由于编者水平有限,书中难免存在不妥之处,恳请读者和专家批评、指正。

编 者

二维码索引

名称	二维码	页码	名称	二维码	页码
1.2 汽油发动机电控系统功能		7	3.4 认识缸内直喷系统		48
1.5.1 传感器的电信号		11	3.4.3 发动机管理系统运行模式		50
1.5.2 输入信号的处理		12	3.4.4 宽带氧传感器		52
1.5.4 电子控制单元对信息的处理		14	4.1 点火系统的作用和分类		54
2.2.3 磁电式转速位置传感器工作原理		22	4.4.2 双缸同时点火的控制		57
2.2.4 霍尔式转速位置传感器工作原理		23	5.1 认识怠速控制系统		63

（续）

名称	二维码	页码	名称	二维码	页码
5.2 认识电子节气门系统		65	3.3.2 拆装检查点火线圈		133
5.3.1 进气谐波增压系统		68	3.3.2 维护检查火花塞		134
5.3.2 可变气门正时系统		70	4.1 排放控制系统的车上检查		140
7.2.1 共轨燃油喷射系统组成		97	4.2 维护三元催化转化器		141
2.4 燃油供给系统压力释放和检查		123	4.3 拆装检查炭罐		142
2.5 燃油泵总成的拆装		124	4.4 拆装检查活性炭罐电磁阀		143
2.6 喷油器的拆装		126	4.5 拆装检查曲轴箱通风阀		145

（续）

名称	二维码	页码	名称	二维码	页码
1.3 读取故障码		158	2.4 诊断并排除节气门位置传感器故障		175
1.4 读取数据流和主动测试		160	2.5 诊断与排除氧传感器电路故障		176
2.1 检测电子控制模块的电源电路故障		170	2.6 检查曲轴位置传感器		180
2.2 诊断与排除歧管绝对压力传感器故障		172	2.7 诊断与排除混合器过稀或过浓故障		182
2.3 诊断并排除进气温度传感器故障		174	2.8 诊断与排除单缸缺火故障		186

目 录
CONTENTS

前言
二维码索引
绪论 ··· 1

单元一　认识发动机电控系统 ··· 5
　任务 1　认识汽油发动机电控系统 ·· 6
　任务 2　认识汽油发动机的传感器和开关信号 ··· 17
　任务 3　认识汽油发动机燃油喷射系统 ··· 34
　任务 4　认识汽油发动机的点火系统 ··· 54
　任务 5　认识汽油发动机辅助控制系统 ··· 63
　任务 6　认识控制系统的工作模式和自诊断 ··· 83
　任务 7　认识柴油发动机电控系统 ·· 95
　单元学习鉴定与反馈 ··· 104

单元二　维护和检查发动机电控系统 ·· 109
　任务 1　电控发动机维护前的准备工作 ·· 110
　任务 2　维护电控发动机的燃油喷射系统 ··· 121
　任务 3　维护电控发动机的点火系统 ·· 131
　任务 4　维护电控发动机的排放控制系统 ··· 140
　单元学习鉴定与反馈 ··· 149

单元三　诊断与排除发动机电控系统故障 ·· 154
　任务 1　发动机电控系统故障诊断与排除的流程 ··· 155
　任务 2　诊断与排除发动机电控系统典型故障 ··· 169
　单元学习鉴定与反馈 ··· 192

附录　丰田 3SZ – FE 发动机控制系统电路图 ·· 197

参考文献 ·· 201

绪 论

1. 课程学习目标

（1）**教学目标** 认识常见汽车发动机电控系统的组成和基本工作原理；认识维护汽车发动机电控系统的安全注意事项；能正确使用汽车发动机电控系统维护和维修中常用的工具、设备、仪器、仪表；能使用维修资料进行发动机电控系统故障的诊断与排除。

（2）**课程思政和劳动教育目标** 在教学过程中，把课程思政和劳动教育融入到教学环节，培养学生的爱国情怀、文化自信、文化包容、爱岗敬业、精益求精、创新诚信、劳动光荣等素质，帮助学生养成正确的世界观、价值观、人生观。

在部分任务后，以"你想过吗？""你能做到吗？"为例，提供了一些课程思政和劳动教育的案例，教学过程中应恰当融入。

（3）**方法能力和社会能力的培养**

1）收集、分析和组织信息能力。收集电控发动机维修信息和资料，解释制造商、零件供应商提供的说明书和维修工作程序；对维修技术信息进行判断。

2）交流想法和信息能力。应用简明的语言和交流技巧与顾客和团队成员进行交流；应用询问和主动倾听顾客需求的方式，从顾客处获得信息；应用口头交流向顾客说明维修方案。

3）计划和组织活动能力。计划维修工作，充分利用时间和资源，区分重点和监督自己工作。

4）团队工作能力。在团队工作中，理解和响应顾客需求，与他人有效互动，共同完成工作目标。

5）解决问题能力。具备诊断故障的判断力，掌握解决问题的灵活方法。

6）应用数学思想和方法能力。根据测量计算误差，建立质量检验的基本概念。

7）应用技术能力。在维修电控发动机过程中，应用工具、测量仪器、数字显示测量技术，填写维修作业记录、检查清单等作业文件。

2. 课程能力标准

课程对接1+X证书－汽车运用与维修职业技能等级标准中的汽车动力与驱动系统综合分析技术职业技能，包括初级2.5、2.6，中级1.1、1.2、2.5、2.6、2.7、2.10、2.11、2.12、2.13、2.14、2.15，高级1.1、1.2、2.1、2.3。

（1）**专业知识**

- 有关职场健康安全法规，环境保护法，设备、材料和个人安全要求知识，车间安全知识和基本操作操作规范。

- 与电控发动机接触有关的危险化学物质和危险用品的知识。

- 电控汽油发动机管理系统的组成、作用和工作过程。
- 电控汽油发动机燃油供给系统的组成和工作原理。
- 电控汽油发动机混合气形成系统的组成和工作原理。
- 电控汽油发动机废气排放系统的组成和工作原理。
- 电控汽油发动机点火系统的组成及工作原理。
- 电控汽油发动机控制系统的工作模式及自诊断系统。
- 电控柴油机燃油供给系统、柴油发动机混合气形成与预热系统、废气排放系统、尾气净化装置、法定的废气检测方法。
- 常用电控发动机管理系统检测、诊断设备及使用方法。
- 电控发动机管理系统故障诊断流程、客户车辆故障分析方法、故障码和数据读取方法、常见故障和基本电路检查方法。

（2）专业技能

1）确认客户需求，准备检测、诊断工作。

2）测试电控发动机性能，分析数据结果，诊断故障。

- 检测、诊断和维修废气排放系统（汽油发动机废气排放系统和柴油发动机废气排放系统、尾气净化装置、法定的废气检测）。
- 检测、诊断和维修燃油供给系统（汽油发动机和柴油发动机燃油供给系统）。
- 检测、诊断和维修汽油发动机混合气形成与点火系统。
- 检测、诊断和维修柴油发动机混合气形成与预热系统。
- 检测、诊断和维修增压系统。
- 检测、诊断和维修汽油发动机和柴油发动机管理系统。

3）电控发动机的基本检查和调整。

4）准备维修电控发动机工作。

5）维修电控发动机。包括：拆卸操作、清洗操作、零件检修操作、装配操作、连接和调整操作。

6）提交车辆使用或存放工作。

3. 单元学习内容和学习方法建议

单元学习内容和学习方法建议见表0-1。

表0-1 单元学习内容和学习方法建议

单元名称	学习内容		学习方法建议						
			叙述式	互动式	小组讨论	案例分析	角色扮演	实做演示	现实模拟
单元一 认识发动机电控系统	任务1	认识汽油发动机电控系统	√						
	任务2	认识汽油发动机的传感器和开关信号	√	√	√				
	任务3	认识汽油发动机燃油喷射系统	√	√	√				
	任务4	认识汽油发动机的点火系统	√	√	√				
	任务5	认识汽油发动机辅助控制系统	√	√	√				
	任务6	认识控制系统的工作模式和自诊断	√	√					
	任务7	认识柴油发动机电控系统	√	√	√				

（续）

单元名称	学习内容		学习方法建议						
			叙述式	互动式	小组讨论	案例分析	角色扮演	实做演示	现实模拟
单元二 维护和检查发动机电控系统	任务1	电控发动机维护前的准备工作		√	√			√	√
	任务2	维护电控发动机的燃油喷射系统		√	√			√	√
	任务3	维护电控发动机的点火系统		√	√			√	√
	任务4	维护电控发动机的排放控制系统		√	√			√	√
单元三 诊断与排除发动机电控系统故障	任务1	发动机电控系统故障诊断与排除的流程	√	√	√			√	√
	任务2	诊断与排除发动机电控系统典型故障	√	√	√	√	√	√	√

4. 图标介绍

在学习中，教师和学习者根据书中图标提示的学习步骤及要求进行教学，图标的含义见表0-2。

表 0-2 图标的含义

图 标	图 标 含 义
	学习目标
	学习资源和学习信息
	学习场所和设备
	问题和启发
	实做任务
	对接 1＋X 标准
	安全警告、注意事项
	学习鉴定
	学习评估

5. 成绩鉴定和信息反馈说明

本书中每一单元都提供了小组鉴定计划、鉴定成绩单、鉴定工具和信息反馈单。

(1) 小组鉴定计划　小组鉴定计划供教师使用,是教师组织实施鉴定的必要工具,并应得到相关教学管理部门的认可。

(2) 鉴定成绩单和鉴定工具　鉴定成绩单和鉴定工具应该在单元实施教学或学习之前告知学生,每个学生都应该得到鉴定信息,并确认签字。如果学生有不同的意见,应及时告知教师。如果学生第一次鉴定没有通过,应该有第二次鉴定的机会。只有在鉴定通过后,才能进行下个单元的学习。

学生完成了3个单元的鉴定后,才能认为已经获得本课程涉及的能力,才能获得合格的成绩。

(3) 信息反馈单　在每个单元完成后,应由学生填写信息反馈单。信息反馈单的内容分为3部分：回顾单元、回顾授课、回顾鉴定,分别对单元的内容和要求、授课中的学习条件和过程、鉴定是否合理公平等内容进行信息反馈。教师得到反馈信息后,应及时做出调整,以促进教学。

单元一
认识发动机电控系统

 学习情境

汽车新技术发展日新月异,各汽车公司不断推出新款车型,这些车型装备了电控发动机,还使用了一些提高发动机性能、促进环保的新技术。汽车维修工作的技术难度不断提高。

为了对电控发动机进行维修,必须认识电控发动机的组成和工作过程。

 单元学习目标

通过本单元的学习,应认识电控发动机各系统及其工作过程。其具体包括:认识汽油发动机电控系统的组成、作用和工作过程;认识电控汽油发动机的燃油喷射系统、电控点火系统、辅助控制系统、控制系统工作模式及自诊断功能;认识常见柴油发动机电控系统。

 对接1+X标准

汽车运用与维修职业技能等级标准中的汽车动力与驱动系统综合分析技术职业技能,包括:发动机电控系统一般维修(初级2.5);燃油和进、排气系统检查保养(初级2.6)。

 学习资源

各汽车生产公司的网页;电控发动机的使用说明书;有关职场健康与安全的法律、法规;有关危险化学物质和危险商品的相关信息;汽车维修设备的使用说明书和安全操作规定;各种汽车电控发动机的维护手册;提供各类维修知识和维修资料的网站。

 学习场所和设备

车间或模拟车间;个人防护用品和用具;汽车维修设备和工具;安全的工作环境和

工作场所；电控发动机总成；装备电控发动机的车辆。

任务1　认识汽油发动机电控系统

学习目标

安全、环保和节能是当今汽车技术发展的主要方向，而解决环保和节能两大难题是现代发动机的主要目标。在发动机上采用燃油喷射及电子点火等电子控制系统，可以改善电控发动机的工作状况，节省燃料消耗，并减少有害气体的排放。

本任务要求对电控汽油发动机有一个初步的认识。完成任务后应能够回答以下问题：汽油发动机电控系统的功能有哪些？汽油发动机电控系统的优点是什么？汽油发动机电控系统的组成有哪些？怎样进行工作？

学习信息

1.1　为什么使用发动机电控系统

汽油发动机通过汽油蒸气和空气组成的混合气体的燃烧产生动力。汽油发动机产生动力的3个基本要素为良好的空气-燃油混合气、很大的压缩力、正确的点火正时及强烈的火花，如图1-1所示。

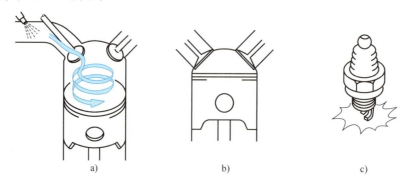

图1-1　汽油发动机产生动力的3个基本要素
a) 良好的空气-燃油混合气　b) 很大的压缩力　c) 正确的点火正时及强烈的火花

为了同时达到这3个要素，需要严格控制空气与燃油混合气的比例和点火正时。在1981年以前，唯一存在的发动机控制系统是电控燃油喷射（EFI）系统，该系统使用计算机控制喷油量。为了与发动机及车辆的各种工况相适应，现在的发动机上使用了更多的计算机控制系统，这些发动机电控系统包括电子控制点火提前（ESA）、怠速控制（ISC）、辅助控制、自诊断功能等，所以常称为发动机集中控制系统或发动机管理系统（EMS）。如博世（Bosch）公司的Motronic系统、GM公司的DEFI系统、FORD公司的EEC系统、丰田公司的TCCS系统、日产公司的ECCS系统，其控制功能越来越完善。典型汽油发动机电控系统如图1-2所示。

单元一　认识发动机电控系统

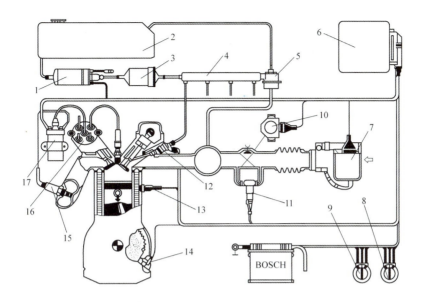

图1-2　典型汽油发动机电控系统

1—电动汽油泵　2—燃油箱　3—燃油滤清器　4—燃油分配管　5—压力调节器　6—电控单元
7—空气流量计　8—空调开关　9—点火开关　10—节气门位置传感器　11—怠速空气调节器
12—喷油器　13—温度传感器　14—曲轴位置传感器　15—氧传感器　16—分电器　17—点火线圈

1.2　汽油发动机电控系统的功能

1. 电控燃油喷射（EFI）

电控燃油喷射系统使用各种传感器探测发动机和车辆的运行工况，根据各传感器输送来的信号，电控单元计算喷油量并驱动喷油器喷射适量的燃油。在正常驾驶中，保证适当的功率输出、燃油消耗量和废气排放水平；在暖机、加速、减速或高速驾驶状况下，发动机ECU修正喷油量，以产生最佳空气-燃油混合气，如图1-3所示。

1.2　汽油发动机电控系统功能

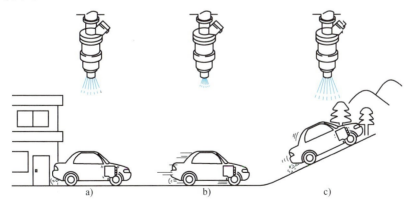

图1-3　电控燃油喷射
a）起动和暖机　b）等速行驶　c）高负荷行驶

2. 电子控制点火提前（ESA）

电子控制点火提前系统根据各种传感器的信号（如发动机转速和发动机负荷）判断发动机工况，然后选择最佳点火提前角点燃混合气，从而改善发动机的燃烧过程，使发动机输出最大的功率和转矩，降低油耗，并防止爆燃的产生，如图1-4所示。

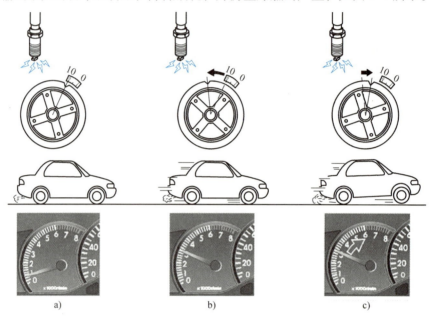

图1-4 电子控制点火提前
a）低转速 b）高转速 c）大负荷

3. 辅助控制

辅助控制系统包括怠速控制、进气谐波增压控制、可变气门正时控制、涡轮增压控制、排放控制等。

怠速控制（ISC）系统通过控制怠速，使发动机可在各种工况（暖机、高负荷等）下保持正常工作。为使燃油消耗量和排放减至最小，尽可能使发动机的转速保持低转速，并且是稳定的怠速区域；同时，当发动机冷机或空调正在使用时，该怠速必须增速以确保适当的暖机性和驾驶性，如图1-5所示。

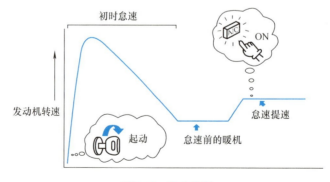

图1-5 怠速控制

为了将发动机排气中的有害成分（HC、CO、NO_x）降到最低，发动机使用了二次空气喷射、燃油蒸发排放控制（EVAP）、三元催化转化器（TWC）、废气再循环（EGR）和曲轴箱强制通风（PCV）等排放控制系统。排放系统减少的排放量如图1-6所示。

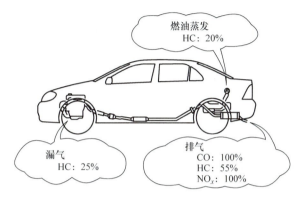

图1-6 排放系统减少的排放量

4. 诊断系统

发动机控制系统有自诊断的功能。ECU不断地监视由各种传感器传来的信号，如果监测到一个故障的输入信号，就用故障码（DTC）记录该故障并使故障指示灯（MIL）亮。在进行诊断维修时，可使故障指示灯闪烁来读出故障码，或者使用检测仪输出故障码或其他数据，如图1-7所示。

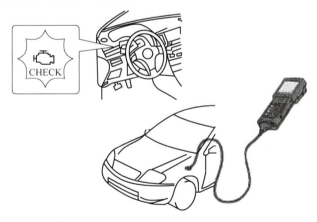

图1-7 诊断系统

1.3 汽油发动机电控系统的优点

电子控制技术在汽油机上的应用全面提高了汽油机的综合性能，与化油器式汽油机相比，电控汽油喷射在以下几个方面有明显的改善和提高。

1）喷油器可以安装在进气门附近，可以使进气管的设计更合理，改善了各缸混合气的均匀性。

2）电控汽油机采用压力喷射方式，汽油的雾化质量好。

3）进气管中不需要设置喉管，通常不采用进气预热，减少了进气阻力，提高了进气密度、发动机的动力性和经济性。

4）通过精确控制空燃比和采用排放净化措施使有害物排放量显著减少。

5）电控系统根据传感器的输入信号随时判断发动机运行工况的变化，并调整喷油量，改善了汽油机过渡工况的响应特性。

6）在各种环境条件下可以准确地计算进气量，改善了汽油机对地理及气候环境的适应性。

7）电控系统根据起动时发动机冷却液的温度，提供与起动条件相适应的喷油量，提高了汽油机高、低温起动性能和暖机性能。

1.4　发动机电控系统的组成

一个计算机系统要正常进行工作，通常应该包括输入设备、处理器和输出设备。在汽车上，传感器（如冷却液温度传感器或空气流量计）是输入设备；执行器（如喷油器或点火器）是输出设备；电子控制系统的计算机称为电控单元（ECU），控制发动机的计算机称为发动机电控单元（发动机 ECU）或发动机控制模块（ECM），如图 1-8 所示。

1. 传感器

传感器是感知发动机信息的部件，把非电量信号转换成电量信号，功用是向电控单元提供汽车运行状况和发动机工况。发动机电子控制系统中常见的传感器及其作用如下：

空气流量计（MAF）——测量发动机的进气量。

进气压力传感器（MAP）——测量进气管内气体的绝对压力。

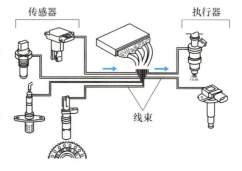

图 1-8　电子控制系统

节气门位置传感器（TPS）——检测节气门的开度及开度变化。

凸轮轴位置传感器（CMP）——提供凸轮轴转角基准位置信号。

曲轴位置传感器（CKP）——提供发动机转速信号和曲轴转角信号。

进气温度传感器（IAT）——检测进气温度信号。

冷却液温度传感器（ECT）——给 ECU 提供发动机冷却液温度信号。

车速传感器（VSS）——检测汽车行驶速度。

氧传感器（O_2S）——检测排气中的氧含量。

爆燃传感器（KNK）——检测汽油机是否爆燃及爆燃强度。

2. 发动机 ECU

发动机 ECU 接收来自传感器的信息，并做信息处理后发出相应的控制指令给执行器。发动机 ECU 根据空气流量计或进气歧管压力传感器和转速传感器的信号确定发动机各缸进气量，再根据空燃比要求确定基本供油量；然后根据传感器的信号进行点火提前角、温度、节气门开度、空燃比等各种工作参数的修正，确定某一工况下的最佳喷油量。

单元一 认识发动机电控系统

发动机 ECU 由输入处理器、中央处理器、存储器和输出驱动器等组成，如图 1-9 所示。

3. 执行器

执行器执行发动机 ECU 的指令，从而完成控制目的。发动机电控系统主要的执行器有电动燃油泵、喷油器、怠速控制阀、点火器等。

1.5 电子控制系统的工作过程

1. 传感器的电信号

图 1-9 发动机 ECU 的组成

传感器的电信号可以分为模拟电压信号和数字电压信号两种。

（1）模拟电压信号　模拟电压信号是在一定范围内连续变化的信号。当用一个可变电阻器控制一个额定电压为 5V 的灯泡时，可变电阻器电压可以是 0～5V 之间的任意值，如果可变电阻器输出电压低，流过灯泡的电流就小，灯光暗淡；如果可变电阻器的输出电压是 5V，流过灯泡的电流比较大，则灯光明亮。模拟电压信号的示例如图 1-10 所示。大多数车用电控系统中的传感器产生的是模拟电压信号。

1.5.1 传感器的电信号

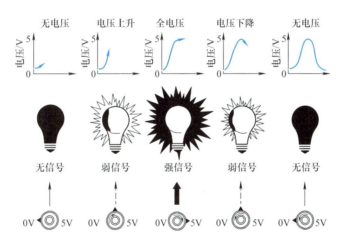

图 1-10 模拟电压信号示例

（2）数字电压信号　数字电压信号不是高电压就是低电压。把一个普通的通/断开关与一个 5V 灯泡串联在一起，当开关断开时，加在灯泡两端的电压是 0V，灯泡熄灭；当开关接通时，5V 电压加在灯泡上，灯泡发光。经开关送给灯泡的电压不是 0V 就是 5V，即电压信号不是高电压就是低电压，这类电压信号称为数字电压信号。如果开关迅速接通或断开，就有一个数字电压信号从开关作用到灯泡上（图 1-11）。

在发动机电控单元中，中央处理器每秒钟能产生很多数字电压信号，用于控制系统中的各种继电器和电器元件。中央处理器根据精确控制的要求，改变数字信号中高电压

11

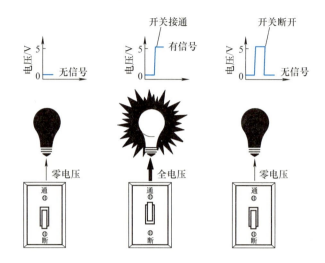

图 1-11　数字电压信号举例

或低电压的持续时间。

（3）数字电压信号和二进制码　数字信号不是高值就是低值，低值数字信号可用数字 0 代表，高值数字信号可用数字 1 代表，这种给数字信号赋予数值的方式称为二进制编码。在二进制编码系统中只有两个数字：0 和 1（图 1-12）。

在发动机电控单元中，信息以二进制码的形式进行交换，状态、数字和字符都用多位 0 和 1 的组合表示。

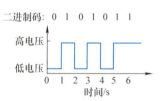

图 1-12　数字电压信号和二进制码

2. 输入信号的处理

输入信号通过电控单元的输入处理电路进行处理。输入处理电路主要由放大器和模-数（A-D）转换器构成，具有放大作用和模-数转换的作用，如图1-13 所示。

（1）输入信号放大　输入信号放大的目的是使输入信号增加到发动机电控单元可用的程度。某些传感器（如氧传感器）产生一个小于 1V 的低电压信号时，只能产生很小的电流，这样的信号送入中央处理器前必须放大。这个放大作用是由发动机电控单元输入处理芯片中的放大器完成的。

（2）模-数（A-D）转换　由于传感器产生模拟信号，而中央处理器处理的是数字信号，所以必须把模拟信号变为数字信号。这项工作由发动机电控单元输入处理芯片中的模-数转换器完成。

模-数转换器以固定的时间间隔不断对模拟输入信号进行扫描，并向这些电压赋值，然后把此数值编译成二进制码。

3. 中央处理器和存储器

（1）中央处理器　中央处理器是发动机电控单元中的计算和决策芯片。在中央处理器中，有成千上万个微型晶体管和二极管，这些元件被蚀刻在一个很小的集成电路芯

1.5.2　输入信号的处理

片上。集成电路芯片装在一个长方形的扁平保护壳内。在中央处理器保护壳的两边排布着金属引脚,这些金属引脚把中央处理器连接到发动机电控单元的电路板上,如图1-14所示。

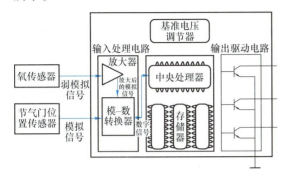

图1-13 电控单元输入处理芯片中的放大器和模-数(A-D)转换器

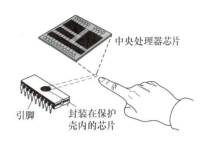

图1-14 中央处理器芯片

中央处理器通过程序进行决策,程序是中央处理器执行的一组指令。例如,程序告诉中央处理器何时收集传感器的信息,然后怎样处理这些信息,最后程序引导中央处理器去触发继电器和电磁线圈等执行器。

(2)存储器 存储器中含有程序和中央处理器进行运算所需的汽车数据。存储器芯片的外形与中央处理器芯片的外形相似。中央处理器可以从存储器中读取信息,也可以把新的信息写入存储器。图1-15所示为燃油油量信号的存储和读取。

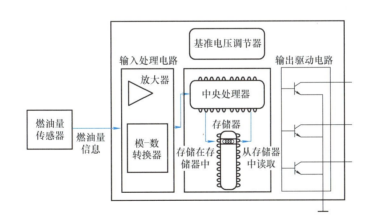

图1-15 燃油油量信号的存储和读取

存储器中存储着有关汽车各种工况下理想的控制信息(如空燃比、点火提前角),称为标定信息。在空燃比的控制中,各个传感器随时向发动机电控单元报告发动机和汽车的工况,中央处理器从存储器中读取空燃比的标定信息,并与各传感器的输入信号比较,进行必要的修正,控制燃油喷油器向发动机提供精确的燃油量。

4. 电子控制单元对信息的处理

(1)传感器和信号输入处理 发动机上安装了多种传感器,把信号输入发动机电控单元，反映发动机的工作状态。下面以进气温度传感器的信号输入与处理为例，介绍发动机电控单元是如何处理信息的。

如果空气温度低，则其密度就大，单位体积内含有较多的氧气；反之，空气温度高，则单位体积空气中含有较少的氧气。中央处理器可以根据空气温度提供准确的燃油量。

进气温度传感器向发动机电控单元输送模拟电压信号，A–D转换器把这个信号转换成数字信号（图1-16）。

1.5.4 电子控制单元对信息的处理

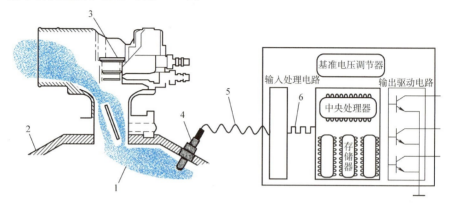

图1-16 进气温度信号的处理

1—进入的空气 2—进气管 3—燃油喷油器 4—进气温度传感器 5—模拟电压信号 6—数字电压信号

中央处理器收到数字信号后访问存储器中的信息，从查询表中查出此空气温度对应的空气密度，把空气密度信息传给中央处理器，中央处理器控制输出驱动器和燃油喷油器，提供发动机所需要的准确数量的燃油量（图1-17）。

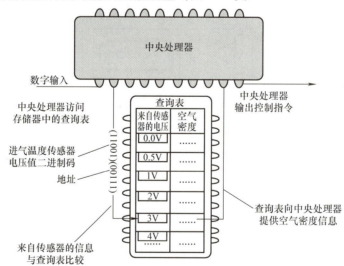

图1-17 中央处理器从存储器中检索空气密度信息，并输出指令

（2）信号输出驱动器和执行器　中央处理器通过输出驱动器控制执行器。发动机电控单元的输出驱动器由很多晶体管组成，执行器通常是继电器、电磁线圈或显示器等。例如，每个燃油喷油器都有一个电磁线圈，蓄电池为每个执行器供电。当中央处理

单元一 认识发动机电控系统

器输出信号令输出驱动器接通执行器时,输出驱动器就给执行器送去一个"接地"信号。在这样的情况下,电流通过执行器和输出驱动器接地而构成回路,执行器使必要的器件工作(图1-18)。

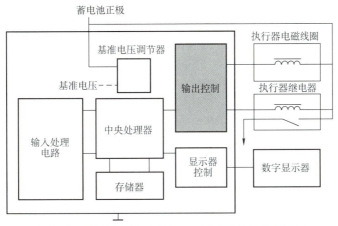

图1-18 电子控制单元中的输出驱动器使执行器工作

 完成学习工作页

学习工作页1					
姓　　名		班　　级		小　　组	
日　　期		开始时间		结束时间	

回答问题:

1. 下述哪些是汽油发动机电控系统的功能?

根据系统自诊断控制喷油器的喷油量　　　　　　　　　　　是□　　不是□

能够进行传动控制　　　　　　　　　　　　　　　　　　是□　　不是□

根据发动机工况选择最佳点火提前角　　　　　　　　　　是□　　不是□

能有效降低排气中的有害成分　　　　　　　　　　　　　是□　　不是□

能够进行车身控制　　　　　　　　　　　　　　　　　　是□　　不是□

完成怠速控制　　　　　　　　　　　　　　　　　　　　是□　　不是□

完成发动机电控系统自诊断　　　　　　　　　　　　　　是□　　不是□

2. 下述哪些是汽油发动机电控系统的优点?

优化进气管设计,改善各缸混合气均匀性　　　　　　　　是□　　不是□

发动机对环境的适应性无明显变化　　　　　　　　　　　是□　　不是□

汽油的雾化质量好　　　　　　　　　　　　　　　　　　是□　　不是□

减少进气阻力,提高进气密度　　　　　　　　　　　　　是□　　不是□

对有害物排放无明显改善　　　　　　　　　　　　　　　是□　　不是□

提高发动机起动性能　　　　　　　　　　　　　　　　　是□　　不是□

3. 将发动机电控系统的组成与其功能连线。

传感器　　　　　　　信息转为物理量
　　　　　　　　　　反映发动机状况

电控单元　　　　　　处理信息

15

（续）

| 执行器 | 存储、检索信息
按发动机控制程序发出指令
通常是继电器、电磁线圈或显示器等
完成控制动作 |

4. 判断以下传感器信号属于模拟信号还是数字信号。

（1）空气流量计电压信号波形（图1-19）

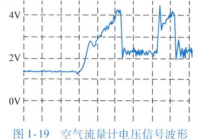

该信号属于：模拟信号 □
数字信号 □

图1-19 空气流量计电压信号波形

（2）转速传感器（霍尔式）电压信号波形（图1-20）

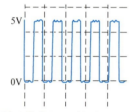

该信号属于：模拟信号 □
数字信号 □

图1-20 转速传感器（霍尔式）电压信号波形

5. 简述进气温度信号的处理过程。

_____
_____
_____

6. 根据发动机各工况的要求，判断以下控制逻辑。

当进气温度高时，应该（减少□ 增加□）喷油器的喷油量，因为：_____

当冷却液温度低时，应该（降低□ 提高□）发动机怠速转速，因为：_____

完成任务：

1. 在教师提供的车辆或电控发动机上，通过查阅维修手册，指出电控发动机各系统主要组成部件的位置，并记住这些部件的名称。

2. 在常见的汽车生产商的轿车上采用电控系统的类型有哪些？请查阅资料，写出3~5个。
例如：桑塔纳2000GLi轿车采用BOSCH Motrinic1.5.4发动机电控系统。

_____
_____
_____

单元一 认识发动机电控系统

你想过吗？

通过本任务的学习和完成任务，你发现在发动机电控系统中有哪些部件是中国品牌的？谈一谈你对目前中国汽车产业发展有哪些想法和好的建议？

指导教师评语

教师签字：＿＿＿＿＿＿＿＿＿＿　　　　　　日期：＿＿＿＿＿＿＿＿＿＿

任务2　认识汽油发动机的传感器和开关信号

学习目标

传感器起到信号采集的作用，向电控单元反映发动机的工作状态以及驾驶人对动力及辅助功能的要求。在教师提供的装备电控发动机的车辆（或电控发动机总成）上，找出电控发动机使用的传感器和开关，对比以下的学习信息有重点地进行学习。

本任务要求认识电控发动机的传感器和开关信号。完成任务后应能够回答以下问题：测量进气量的传感器有哪些？它们的作用是什么？曲轴位置传感器和凸轮轴位置传感器的作用是什么？其工作原理是什么？节气门位置传感器、冷却液温度传感器、进气温度传感器、氧传感器、爆燃传感器、车速传感器等的作用和工作过程是什么？发动机电控系统中常用的开关信号有哪些？

学习信息

2.1　认识测量进气量的传感器

燃油供给装置向进气管提供一定比例的燃油与空气相混合形成混合气。混合气的成分对发动机动力性和经济性、排放污染有较大影响。

发动机的进气量信号是控制喷射燃油量的主要信号。常见的测量进气量信号的传感器有空气流量计和进气压力传感器。

17

你知道吗？

什么是理论空燃比？

混合气的成分通常用空燃比表示，即空气质量与燃油质量比，通常用 A/F 表示。汽油完全燃烧并生成 CO_2 和 H_2O 时的空燃比称为理论空燃比，约为 14.7。

稍稀混合气（空燃比为 16 左右）能使燃油燃烧得更完全，降低油耗，又称为经济混合气。稍浓的混合气（空燃比为 12~13）的火焰燃烧速度最快，使发动机发出最大功率，又称为功率混合气。在功率混合气和经济混合气之间的混合气是汽油发动机常用的混合气。

什么是过量空气系数？

在实际的发动机燃烧过程中，燃烧 1kg 燃油所消耗的空气不一定就是理论所需求的空气量，它与发动机的结构、使用工况密切相关，所供实际空气量可能大于或小于理论空气量。实际空气量与理论空气量的比值称为过量空气系数 λ，用计算式表示为：空气过量系数 λ = 实际空气量/理论空气量。

若 λ>1，表示所供的空气量大于理论空气量，这种混合气称为稀混合气。若 λ<1，表示空气量不足以燃料完全燃烧，这种混合气称为浓混合气。

1. 空气流量计

空气流量计有叶片式空气流量计、卡门旋涡式空气流量计、热线式空气流量计和热膜式空气流量计，最常用的为热线式和热膜式空气流量计。

（1）热线式空气流量计 热线式空气流量计的构造简单、结构紧凑、质量小。它由感知空气流量的铂金热线、根据进气温度进行修正的热敏电阻（又称为冷线）和控制热线电流的控制电路组成，如图 1-21 所示。它直接测量进气质量，检测精度高且几乎没有进气阻力。

热线式空气流量计的工作原理和工作特性如图 1-22 所示。热线通电并产生热量，当进入检测区域的空气流经热线时带走部分热量，使

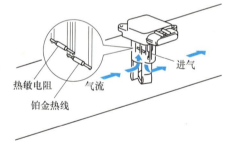

图 1-21 热线式空气流量计的结构

热线温度下降，而空气流量计中的电路设计使热线和进入的空气之间保持恒定的温度差；进气量增大，则需要向热线提供较大的电流，而空气流量计电路的输出电压信号随之发生改变。

（2）热膜式空气流量计 热膜式空气流量计与热线式空气流量计的工作原理类似，不同的是将发热体由热线式改为热膜式，把金属铂做成的热膜固定在薄的树脂膜上构成发热体，增加了发热体的强度。热膜式空气流量计的结构如图 1-23 所示。

2. 进气压力传感器

进气压力传感器又称为歧管绝对压力传感器，用来测量进气歧管内绝对压力的变化并转化为电信号。进气压力传感器有半导体应变式、电容式、差动变压器式等，其中半导体应变式进气压力传感器应用最为广泛。

半导体应变式进气压力传感器单元内装有一个硅芯片，并有保持在预定真空度的真空室。硅芯片的一侧暴露于歧管进气压力中，另一侧则暴露于内部真空管中。歧管进气

压力的变化会造成硅芯片形状的变化,硅芯片的电阻值也会根据变形程度而变化(称为压阻效应),产生进气压力信号。因为即使海拔有变化,歧管进气压力也能精确测量,所以不需要采用高海拔补偿校正。进气压力传感器的结构和工作原理如图1-24所示。

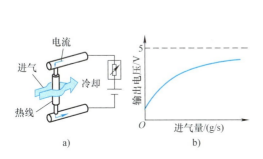

图1-22 热线式空气流量计的工作原理和工作特性
a) 工作原理 b) 工作特性

图1-23 热膜式空气流量计的结构

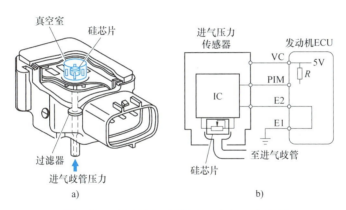

图1-24 进气压力传感器的结构和工作原理
a) 结构 b) 工作原理

 你知道吗?

根据空气计量方式的不同,博世(Bosch)公司将电控发动机汽油喷射系统分为L系统、LH系统和D系统3种类型。

● L系统:采用叶片式空气流量计和卡门旋涡式空气流量计的电控汽油喷射系统。其空气流量的计量方式均属体积流量型,即通过计量进入气缸的体积量控制混合气空燃比。由于这种计量方式空气流量计体积较大,加速响应慢,目前已经较少使用。

● LH系统:采用热线式和热膜式空气流量计的电控汽油喷射系统。其空气流量的计量方式是质量流量型,即直接测量进入气缸内空气的质量控制混合气的空燃比。热线式和热膜式空气流量计工作可靠,而且响应特性较好,但在流速分布不均匀时误差较大。

● D系统:采用进气压力传感器的电控汽油喷射系靠ECU根据歧管绝对压力和发动机转速信号计算出进气量,来控制混合气的空燃比。这种计量进气量的方式称为速度密度法。进气压力传感器结构简单、成本较低。

2.2 认识曲轴位置传感器和凸轮轴位置传感器

1. 曲轴位置传感器和凸轮轴位置传感器的作用

曲轴位置（CKP）传感器用来检测发动机转速和曲轴位置信号。凸轮轴位置（CMP）传感器又称为相位传感器、同步信号传感器，是由一个气缸判别定位信号，判别此时开始向上止点运行的活塞是处于压缩行程还是排气行程。发动机转速和曲轴位置信号是控制喷油和点火时刻的主要信号。

2. 丰田车系的曲轴位置传感器和凸轮轴位置传感器

曲轴位置传感器（丰田车系称为 NE 信号发生器）检测发动机曲轴转角和发动机转速，凸轮轴位置传感器（丰田车系称为 G 信号发生器）检查发动机凸轮轴的转角。曲轴位置传感器和凸轮轴位置传感器通常直接安装在发动机上，如图 1-25 所示。

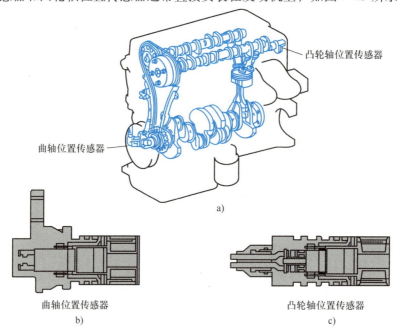

图 1-25 曲轴位置传感器和凸轮轴位置传感器的安装位置

丰田车系的曲轴位置传感器和凸轮轴位置传感器采用的是磁脉冲式传感器，其结构如图 1-26 所示。

（1）曲轴位置传感器（NE 信号发生器） NE 信号用于检测曲轴角度和发动机转速。NE 信号由曲轴位置传感器和安装于曲轴信号转子圆周上的凸齿之间的气隙产生。如图 1-27 所示的传感器，NE 正时转子圈上有 34 个凸齿和缺失两齿的区段。34 个凸齿的信号可以检测发动机转速，缺失两齿的区段可用来检测曲轴角度，但是不能确定活塞处于压缩行程的上止点还是处于排气行程的上止点。

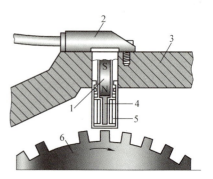

图 1-26 磁脉冲式传感器的结构
1—永磁铁 2—传感器壳体 3—发动机壳体
4—铁心 5—线圈 6—信号齿轮

单元一　认识发动机电控系统

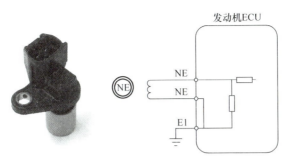

图 1-27　曲轴位置传感器及其电路

（2）凸轮轴位置传感器（G 信号发生器）　凸轮轴位置传感器对应的凸轮轴上安装有带凸舌的 G 信号板，凸舌有 1 个或 3 个（根据发动机型号而定），如图 1-28 所示。当凸轮转动时，凸轮轴上的凸舌和传感器间的气隙改变，在传感器内的感应线圈中产生 G 信号电压，作为凸轮轴转角的信号（气缸位置的判别）。

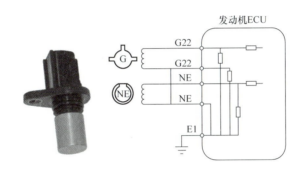

图 1-28　凸轮轴位置传感器及其电路

由发动机 ECU 将 G 信号和曲轴位置传感器送来的 NE 信号合并，来确定每个气缸点火用的压缩上止点和曲轴转角的信息，如图 1-29 所示。发动机 ECU 使用 NE 信号和 G 信号来计算基本喷射时间和基本点火提前角。

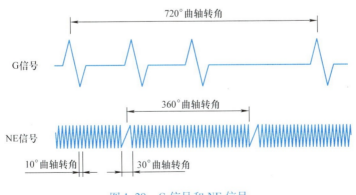

图 1-29　G 信号和 NE 信号

若发动机 ECU 未收到传感器发出的 NE 信号，则发动机 ECU 将判定发动机已停止运转，导致发动机无法起动或停机。

你知道吗？

磁电式传感器的工作原理

磁电式传感器由定时转子、永磁铁、耦合线圈等组成，工作原理如图1-30所示。当曲轴旋转时，由于转子正时齿相对线圈位置的变化，使线圈内的磁通发生变化，从而在线圈内产生感应电动势输出，曲轴转速越快，电动势越大。

2.2.3 磁电式转速位置传感器工作原理

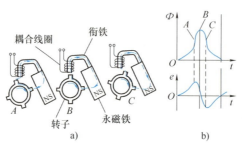

图1-30 磁电式曲轴位置传感器
a) 工作原理　b) 波形图

3. 日产车系的曲轴位置传感器和凸轮轴位置传感器

以日产颐达轿车发动机控制系统为例，安装在发动机上的曲轴位置（CKP）传感器和凸轮轴位置（CMP）传感器由永磁铁和霍尔集成电路组成，外形如图1-31所示。

曲轴位置传感器安装于气缸体后部，朝向曲轴信号轮齿，用来检测发动机的转速。当发动机运转时，轮齿的高低部分与传感器之间的间隙发生变化，引起传感器附近的磁场发生变化，来自传感器的信号电压也发生改变。

凸轮轴位置传感器安装在气缸盖上，朝向凸轮轴信号齿轮，检测凸轮轴转动位置。凸轮轴位置传感器感应活塞的位置和行程，以此识别工作气缸。当曲轴位置传感器失效时，发动机电控单元使用凸轮轴位置传感器的气缸识别信号的正时进行控制。

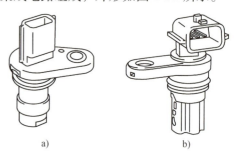

图1-31 曲轴位置传感器和凸轮轴位置传感器
a) 曲轴位置传感器　b) 凸轮轴位置传感器

曲轴位置传感器和凸轮轴位置传感器信号如图1-32所示。

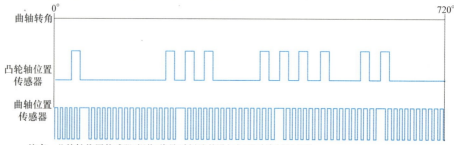

注意：凸轮轴位置传感器(相位)信号时刻随着进气门正时控制而变化。

图1-32 曲轴位置传感器和凸轮轴位置传感器信号

单元一 认识发动机电控系统

你知道吗?

什么是霍尔效应?

日产颐达轿车发动机的曲轴位置传感器和凸轮轴位置传感器是霍尔效应式的传感器。霍尔效应是指当磁场垂直施加于通电流的导线就会产生垂直于此电流和磁场的电压,如图1-33所示。而且,此电压和施加的磁通量密度成正比,如图1-34所示。

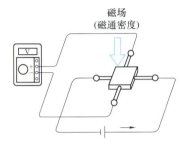

图1-33 霍尔效应

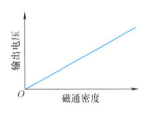

图1-34 霍尔效应电压和磁通密度成正比

2.2.4 霍尔式转速位置传感器工作原理

2.3 认识节气门位置传感器

节气门位置传感器安装在节气门体上,它将节气门开度转换成电压信号输出到电控单元,如图1-35所示。ECU利用该信号和其他传感器输入的信号一起,确定发动机的工况,如怠速工况、加速工况、减速工况、全负荷工况。

节气门位置传感器有开关型、线性和霍尔元件型3种类型,常见的为后两种。

1. 线性节气门位置传感器

线性节气门位置传感器采用线性电位计,由两个滑块和一个电阻器构成,滑块的两端有怠速(IDL)信号和节气门开度(VTA)信号用的触点(图1-36)。当节气门完全关闭时,IDL信号触点和E2端连接;当节气门开启、触点保持同步沿电阻器滑动时,VTA的端子电压与节气门开度成正比(图1-37)。

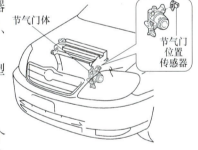

图1-35 节气门位置传感器

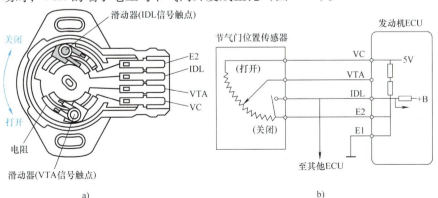

a) b)

图1-36 线性节气门位置传感器结构和电路
a) 结构 b) 电路

2. 霍尔元件型节气门位置传感器

霍尔元件型节气门位置传感器由霍尔元件和可绕其转动的磁铁构成，如图 1-38 所示。磁铁安装在与节气门轴相连的轴上，和节气门一起转动。当节气门开启时，磁铁同时转动，通过霍尔元件的磁通量发生变化，霍尔元件输出电压信号发生改变，以此作为节气门开度信号。霍尔元件型节气门位置传感器的电路和工作特性如图1-39所示。

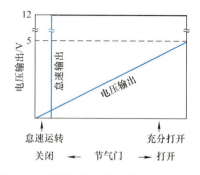

图 1-37 线性节气门位置传感器工作特性

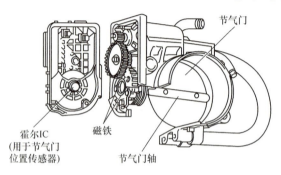

图 1-38 霍尔元件型节气门位置传感器的结构

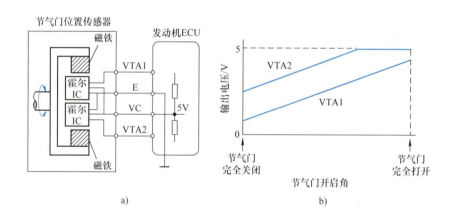

图 1-39 霍尔元件型节气门位置传感器的电路和工作特性
a) 电路 b) 工作特性

霍尔元件型节气门位置传感器能精确地检测节气门开启程度，并采用无接触方式，简化了构造，不易发生故障。为了确保此传感器的可靠性，通常使用具有不同输出特性的两个信号。

2.4 认识冷却液温度传感器

冷却液温度（ECT）传感器能测定发动机冷却液温度的高低，向电控单元反映发动机的热状态，用来修正喷油量、点火时刻等。

冷却液温度传感器一般安装在发动机缸体、缸盖的水套或节温器壳内，并伸入水套中与冷却液直接接触,用来检测冷却液温度。冷却液温度传感器如图1-40所示。

在汽车上常用的冷却液温度传感器是热敏电阻式温度传感器。冷却液温度传感器的热敏电阻通常具有负温度系数(NTC),即电阻随温度升高而降低,如图1-41所示。

图1-40 冷却液温度传感器

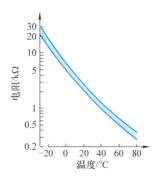

图1-41 冷却液温传感器的输出特性

2.5 认识进气温度传感器

进气温度(IAT)传感器能检测进入发动机的空气的温度,补偿由于进气温度变化导致的空气密度的变化,准确计算进气量,修正喷油量和点火时刻等。

进气温度传感器通常安装在进气管上,有些进气温度传感器和空气流量计或进气压力传感器安装在一起。进气温度传感器外形如图1-42所示。

进气温度传感器一般采用负温度系数的热敏电阻,其工作原理和冷却液温度传感器的工作原理相同。

图1-42 进气温度传感器外形

2.6 认识氧传感器

氧传感器安装在排气管上,检测排气中的含氧量。ECU根据氧传感器信号判断空燃比是否偏离理论值,以调节喷油量,控制空燃比在14.7附近,完成喷油量的闭环控制。在大众车系中,常将氧传感器称为λ传感器。氧传感器的外形如图1-43所示。

图1-43 氧传感器的外形

氧传感器有二氧化钛和二氧化锆(ZrO_2)两种类型,常用的为二氧化锆氧传感器。

1. 二氧化锆氧传感器的结构

二氧化锆氧传感器的结构如图1-44所示。二氧化锆氧传感器的基本元件是二氧化锆(ZrO_2)陶瓷,亦称锆管。锆管内、外表面覆盖着一层多孔性的铂膜作为电极。为了防止排气管内废气中的杂质腐蚀铂膜,在锆管外表有陶瓷层。在传感器接线端有一个金属护套,其上开有一孔,使锆管内表面与大气相通。

由于锆管内、外表面的氧气含量不同，从而形成氧离子由高浓度侧向低浓度侧的扩散，当扩散处于平衡状态时，两电极间便形成电动势。

2. 二氧化锆氧传感器的输出特性

ECU 将氧传感器的输出信号大于 0.5V 时认定为混合气过浓，小于 0.5V 时认定为混合气过稀。ECU 通过控制喷油量使混合气浓度在理论空燃比附近波动，通常 ECU 按 10s 变化 8 次的频率使氧传感器的输出电压在 0.1~0.8V 变动。氧传感器的输出特性如图 1-45 所示。

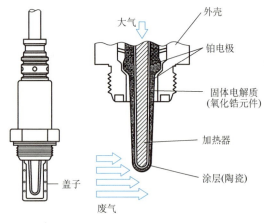

图 1-44 二氧化锆氧传感器的结构

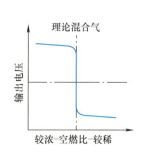

图 1-45 氧传感器的输出特性

氧传感器的工作温度在 300℃ 以上，需要设置电加热元件。一般在发动机起动后 20~30s 将二氧化锆氧传感器加热到工作温度。

2.7 认识爆燃传感器

爆燃（KNK）传感器用来检测发动机有无爆燃发生，ECU 根据其信号调整点火提前角，减少爆燃的产生。

爆燃传感器安装在发动机缸体上，通过检测发动机振动的方法来判断有无爆燃，通常有 1 个或 2 个。爆燃传感器有磁致伸缩式和压电式两种，常见的爆燃传感器为压电式爆燃传感器。压电式爆燃传感器的安装位置和结构如图 1-46 所示。

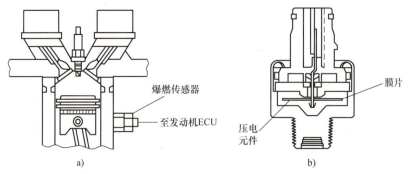

图 1-46 压电式爆燃传感器的安装位置和结构

a) 安装位置 b) 结构

压电式爆燃传感器利用压电晶体元件的压电效应工作,压电元件感应发动机缸体的振动压力,并将它转换成电压信号输出,其电路和工作特性如图 1-47 所示。

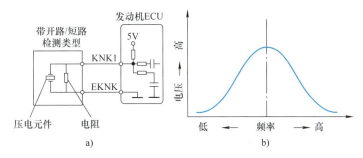

图 1-47　压电式爆燃传感器的电路和工作特性
a)电路　b)工作特性

2.8　认识车速传感器

车速(SPD)传感器用来测量汽车的行驶速度,车速信号主要用于发动机怠速和汽车加减速期间的空燃比控制。在有些发动机上,使用 ABS 控制的 SPD 输出信号来代替车速传感器。车速传感器常见的类型有磁阻(MRE)型、光电耦合型、电磁感应型等。

1. 磁阻(MRE)型车速传感器

磁阻型车速传感器安装在传动桥、变速器或差速器上,由输出的从动齿轮来驱动,由带嵌入式 MRE 的集成电路和磁环等构成,如图 1-48 所示。

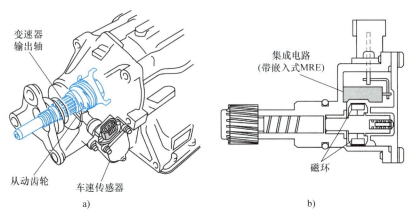

图 1-48　磁阻型车速传感器的安装位置和结构
a)安装位置　b)结构

MRE 型车速传感器的磁阻随着作用于磁组的磁力方向变化而变化。当磁环上的磁铁转动时,磁力方向发生变化,磁组输出交流电压信号,如图 1-49 所示。传感器内的比较仪将此交流电压信号转换成数字信号,并将其输出。波形的频率由附装于磁环的磁铁极数确定,如 20 个磁极产生 20 个周期的波形。

在有些车型上,车速传感器发出的信号在到达发动机 ECU 前,先通过组合仪表;在另一些车型上,车速传感器发出的信号直接被输出到发动机 ECU,如图 1-50 所示。

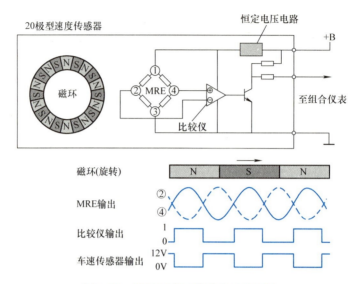

图1-49 MRE型车速传感器工作原理

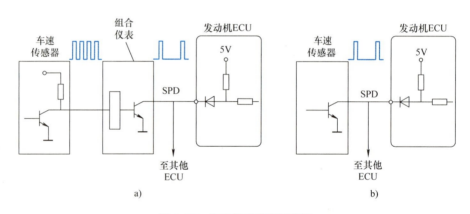

图1-50 车速传感器信号传输
a）通过组合仪表 b）直接至发动机ECU

2. 光电耦合型车速传感器

光电耦合型车速传感器位于组合仪表内，并装有光电晶体管和发光二极管（LED）构成的光电耦合器。转动的槽轮反复地挡住和通过LED发出的光。槽轮四周共有20条槽，车速表拉索每转一圈将会产生20个脉冲信号，如图1-51所示。

3. 电磁感应型车速传感器

电磁感应型车速传感器附装在变速器上，检测变速器输出轴的转速。当变速器输出轴转动时，线圈铁心和转子之间的间隙改变，造成穿过铁心的磁通量增加和减少，在线圈内产生电压，如图1-52所示。

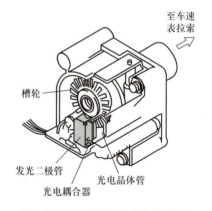

图1-51 光电耦合型车速传感器

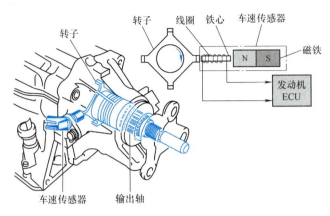

图 1-52 电磁感应型车速传感器

 你知道吗？

传感器端子电压

传感器将各种信号转换成可以被发动机 ECU 检测到的电压信号。传感器信号有许多类型，常用以下 5 种方法来转换电压信号。

1. 利用 VC 电压

ECU 的恒定电压电路给 VC 和 E2 端子之间提供了一个恒定电压值（5V），是专门用于传感器（如节气门位置传感器和进气压力传感器）的电源，如图 1-53 所示。节气门开度或进气歧管压力变化通常转变为 0～5V 的电压变化。

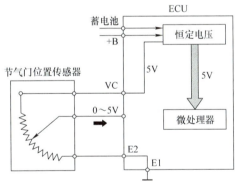

图 1-53 利用 VC 电压

2. 利用热敏电阻

热敏电阻器的电阻值有随温度的变化而变化的特性。应用这个特性，热敏电阻器可应用于如冷却液温度传感器和进气温度传感器的设备来检测温度的变化。

如图 1-54 所示，发动机 ECU 的恒定电压电路通过电阻 R 给热敏传感器提供电压，发动机 ECU 根据图示 A 点电压的变化检测温度。当热敏电阻处于开路时，A 点的电压是 5V；当 A 点与传感器短路时，A 点的电压为 0V。因此，发动机 ECU 可使用诊断功能检测出故障。

3. 利用电压开关信号

（1）利用开关的装置　发动机 ECU 提供一个 5V 的电压开关，当开关关闭时，发动机 ECU 端子电压是 5V，当开关打开时是 0V。有些装置使用电压是 12V 的电源。发动机 ECU 根据电压变化来检测传感器的工况，如急速触点开关信号、空档位置开关信号等，如图 1-55 所示。

(续)

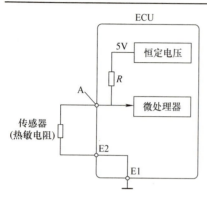

图 1-54　利用热敏电阻

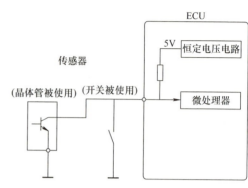

图 1-55　利用电压开关信号

（2）利用晶体管的装置　用晶体管取代开关，利用开启和关闭电压来检测传感器的工况，如车速传感器信号、点火反馈信号灯。

4. 利用发动机 ECU 以外的电源

图 1-56 所示为一个停车灯电路。当开关闭合时，12V 电压提供给发动机 ECU 端子；当开关断开时，电压变为 0V。发动机 ECU 通过检测电压值的变化来判断停车灯是否发亮。

5. 利用传感器自身产生的电压

不需要外加电压，发动机 ECU 通过传感器产生的电压和频率来确定发动机的工况，如图 1-57 所示。如磁脉冲式的转速传感器、爆燃传感器等，其信号往往以交流形式输出，检测时需要使用高精密的测量仪器，如示波器。

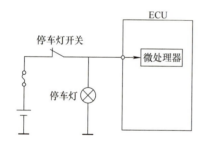

图 1-56　利用发动机 ECU 以外的电源

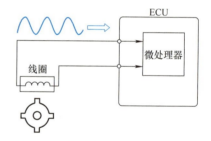

图 1-57　利用传感器自身产生的电压

2.9　发动机电控系统中常用的开关信号

1. 起动（STA）信号

起动（STA）信号用于告知发动机 ECU，此时处于起动工况，在发动机曲轴转动时加大燃油喷油量，电路如图 1-58 所示。

2. 空档起动开关（NSW）信号

空档起动开关（NSW）信号只在配有自动变速器的车辆中使用，发动机

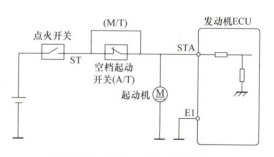

图 1-58　起动（STA）信号电路

ECU 使用此信号来确定变速杆是否处于"P""N"或其他位置。NSW 信号主要用于怠速控制，电路如图 1-59 所示。

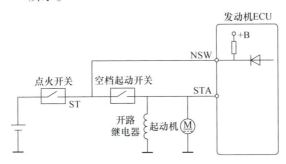

图 1-59　空档起动开关（NSW）信号电路

3. 空调开关（A/C）信号

空调开关信号用于检测空调器的电磁离合器或空调器开关是否已接通，电路如图 1-60 所示。A/C 信号在怠速运转时应用于点火正时控制、怠速控制、燃油切断等。

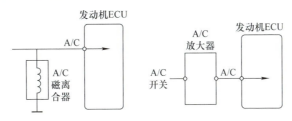

图 1-60　空调开关（A/C）信号电路

4. 电负荷信号

电负荷信号用于检测前照灯、后窗除雾器或其他装置是否已通电，电路如图 1-61 所示。电路中通常有多个电负荷信号，根据不同的车辆型号，这些信号汇集在一起作为单个信号，或每个信号单独地送至发动机 ECU。电负荷信号用于怠速控制。

5. 制动灯开关信号

制动灯开关用于检测制动操作，制动踏板踩下时，开关闭合。制动灯开关信号电路如图 1-62 所示。

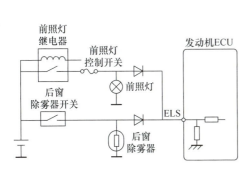

图 1-61　电负荷信号电路

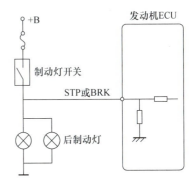

图 1-62　制动灯开关信号电路

6. 冷却液温度开关信号

冷却液温度开关附装在气缸体上，当冷却液温度升高时，此开关接通。冷却液温度开关信号电路如图1-63所示。

7. 离合器开关信号

离合器开关位于离合器踏板下面，用于检测离合器踏板是否被踩下。离合器开关信号电路如图1-64所示。

8. 机油压力开关信号

机油压力开关信号用于确定发动机机油压力是否过低。机油压力信号用于怠速控制。当机油压力低时，发动机器件的润滑和冷却受到影响，发动机ECU将增加怠速转速等，将油压恢复至正常水平。机油压力开关信号电路如图1-65所示。

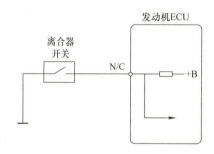

图1-64 离合器开关信号电路

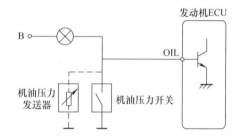

图1-65 机油压力开关信号电路

完成学习工作页

学习工作页2				
姓　　名		班　　级		小　　组
日　　期		开始时间		结束时间

回答问题：

1. 下列叙述与热线式空气流量计相关，请判断正误。

1) 由于无特殊的机械结构，所以热线式空气流量计的耐用性好。（　　）

2) 热线式空气流量计具有简单的构造和光学传感器。（　　）

3) 热线式空气流量计通过气流产生的旋涡频率来测量进气的体积。（　　）

4) 热线式空气流量计根据为保持热线温度恒定所必需的电流量来测量进气的质量。（　　）

5) 热线式空气流量计通过改变内部可变电阻器的阻值来控制电流量，以保持热线的温度。（　　）

单元一 认识发动机电控系统

(续)

2. 下列叙述和歧管压力传感器有关，请判断正误。

1）如果真空软管脱开，则燃油喷油量变大，发动机不能正常运行。（   ）

2）如果真空压力变大（高真空），则歧管压力传感器输出较高的PIM电压。（   ）

3）在急速时，PIM的信号电压近似地为4V。（   ）

4）如果接头脱开，则燃油喷油量变大，发动机不能正常运行。（   ）

3. 下列叙述与冷却液温度传感器和进气温度传感器相关，请判断正误。

1）当冷却液温度变高时，冷却液温度传感器接通。（   ）

2）进气温度传感器测量进气的密度。（   ）

3）当内装式热敏电阻的电路开路时，发动机ECU内传感器的端电压变为0V。（   ）

4）当冷却液或进气的温度低时，发动机ECU内传感器的端子电压变高。相反，传感器端电压变低。（   ）

4. 下列叙述与车速传感器相关，请判断正误。

1）车速传感器测量发动机曲轴的旋转速度。（   ）

2）在MRE型车速传感器中，SPD信号被转换成组合仪表中的数字信号。（   ）

3）有些车辆型号上，将ABS中ECU的SPD信号用作转速信号。（   ）

完成任务：

在教师提供的车辆或电控发动机上，通过查阅维修手册，找出各个传感器和开关的安装位置，并说明它们的作用。

1. 进气压力传感器：

是否安装　是□　否□　如果是，安装位置：_____。

作用：_____。

2. 进气温度传感器：

是否安装　是□　否□　如果是，安装位置：_____。

作用：_____。

3. 空气流量计：

是否安装　是□　否□　如果是，安装位置：_____。

作用：_____。

4. 曲轴位置传感器：

是否安装　是□　否□　如果是，安装位置：_____。

作用：_____。

5. 凸轮轴位置传感器：

是否安装　是□　否□　如果是，安装位置：_____。

作用：_____。

6. 节气门位置传感器：

是否安装　是□　否□　如果是，安装位置：_____。

作用：_____。

7. 冷却液温度传感器：

是否安装　是□　否□　如果是，安装位置：_____。

作用：_____。

（续）

8. 氧传感器：
是否安装 是□ 否□ 如果是，安装位置：_____。
作用：_____。

9. 爆燃传感器：
是否安装 是□ 否□ 如果是，安装位置：_____。
作用：_____。

10. 车速传感器：
是否安装 是□ 否□ 如果是，安装位置：_____。
作用：_____。

11. 其他传感器：
传感器名称：_____。
安装位置：_____。
作用：_____。

12. 使用的开关：
开关名称：_____。
安装位置：_____。
作用：_____。

指导教师评语

_____
_____
_____

教师签字：_____ 日期：_____

任务3　认识汽油发动机燃油喷射系统

 学习目标

电控发动机的重要特点就是使用汽油喷射系统取代了化油器供油系统，这样系统就可以根据各传感器输送来的信号准确地控制喷油器的喷油量。在教师提供的装备电控发动机的车辆上，认识供油系统的组成和工作过程，对比以下的学习信息，有重点地进行学习。

本任务要求认识供油系统的各个部件是如何工作的，可燃混合气是如何实现的。完成任务后应能够回答以下问题：燃油喷射系统的功能是什么？有哪些类型？燃油喷射系统由哪些部件组成？简要说明汽油喷射控制的内容。

单元一 认识发动机电控系统

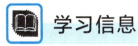

3.1 燃油喷射系统概述

燃油喷射系统的功用是向气缸内喷射燃烧所需的燃油。图1-66所示为燃油喷射系统在汽车上的部件位置。汽油泵泵出油箱内的汽油，经燃油滤清器过滤后，由压力调节器调压，然后经输油管配送给各个喷油器，喷油器根据控制单元发出的指令将适量的汽油喷入各进气歧管或进气总管。

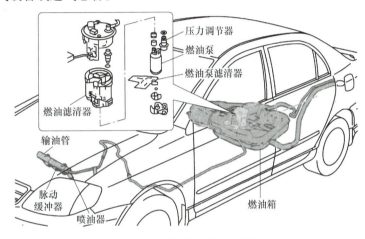

图1-66 燃油喷射系统部件位置

1. 回流型和无回流型燃油喷射系统

根据有无回油管，可以将燃油喷射系统分为回流型和无回流型两种类型，如图1-67所示。

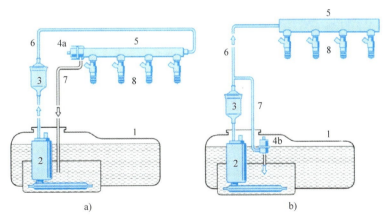

图1-67 回流型和无回流型燃油喷射系统
a）有回流管路的燃油喷射系统 b）无回流管路的燃油喷射系统
1—燃油箱 2—燃油泵 3—燃油滤清器 4a、4b—燃油压力调节器 5—燃油分配管
6—燃油进油管路 7—燃油回油管路 8—喷油器

35

（1）回流型燃油喷射系统　在回流型燃油喷射系统中，燃油通过进油管和主燃油滤清器，然后通过进油口到达喷油器和燃油压力调节器（以进气管压力为基准进行调节）。当燃油压力足够高时，燃油压力调节器开启，流出燃油压力调节器的燃油进入回油管，返回燃油箱。

（2）无回流型燃油喷射系统　为了减少回流型燃油喷射系统带回油箱的热量（这些热量增加了蒸发性碳氢化合物的排放），在20世纪90年代中后期，许多制造商开始使用无回流型燃油喷射系统。燃油压力调节器（以环境压力为基准进行调节）安装在燃油箱内或安装在靠近燃油箱的地方，去掉了来自发动机舱的回油管，避免了将发动机舱内的热量带回油箱。

2. 单点喷射和多点喷射

根据喷油器安装的位置不同，可以将燃油喷射系统分为单点喷射式和多点喷射式，如图1-68所示。

单点喷射指在节气阀体上安装一只或两只喷油器，向进气歧管中喷油形成汽油和空气的混合气。这种喷射系统因喷油器位于节流阀上集中喷射，故又称节流阀喷射或集中喷射系统。

多点喷射指在每一个气缸的进气门前均安装一只喷油器。采用多点喷射系统时，空气和汽油在进气门附近形成混合气，能较好地保证各缸混合气混合均匀。

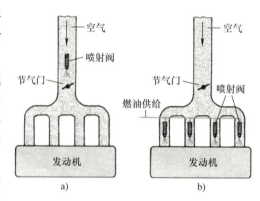

图1-68　单点喷射和多点喷射
a）单点喷射　b）多点喷射

3. 进气管喷射和缸内喷射

根据汽油喷射的位置不同，可以将燃油喷射系统分为进气管喷射式和缸内喷射式。

（1）进气管喷射　单点喷射和多点喷射两种喷射方式都是将汽油喷射到进气管内，所以又称为进气管喷射。多点喷射将汽油喷射到进气门附近，如图1-69所示。

（2）缸内喷射　缸内喷射又称为缸内直喷式（FSI或GDI），该喷射方式是将汽油直接喷射到气缸内。在进气行程中，空气通过进气门进入燃烧室。燃油直接喷入燃烧室内，在燃烧室内形成可燃混合气。这种混合方式使混合气的体积和温度降低，爆燃的倾向大为减少，发动机的压缩比可比进气管喷射时大大提高，从而降低燃油消耗，并可有效降低HC等的排放。缸内直喷式如图1-70所示。

图1-69　多点喷射的进气管喷射

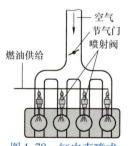

图1-70　缸内直喷式

3.2 认识燃油喷射系统的部件

1. 燃油箱

燃油箱由镀铅锡合金钢板或高密度型聚乙烯制成,通常内部有隔板,防止燃油液面晃动。燃油箱一般使用两条钢带固定在底盘上,如图1-71所示。

2. 电动燃油泵

一般电动燃油泵装在燃油箱内,如图1-72所示。

图1-71 燃油箱

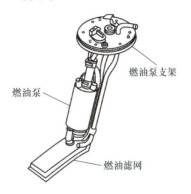

图1-72 电动燃油泵

(1) 电动燃油泵的结构　电动燃油泵的结构如图1-73所示。装在燃油箱内的电动燃油泵包括一个小型直流电动机及一个装在电机轴端的叶轮,装在叶轮外面的是燃油泵盖,泵盖上有进、出油道。燃油滤网固定在燃油泵的进油口,以防止杂质或水进入燃油泵。当叶轮转动时,叶轮边缘的叶片把汽油从进油道吸进,加压后从出油道输出。

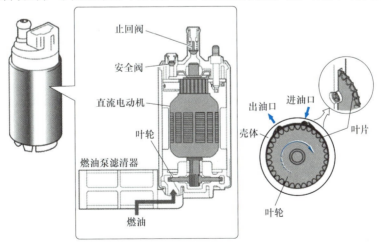

图1-73 电动燃油泵的结构

(2) 安全阀和止回阀　安全阀和止回阀通常安装在燃油泵上。如果输油管路阻塞或燃油泵压力过高,则安全阀开启,高压燃油经安全阀流回燃油箱,安全阀的开启压力为343~441kPa。止回阀的作用是在发动机停车时,防止燃油从燃油管道倒流入燃油箱,保持燃油喷射系统剩余压力,防止产生气阻,以改善发动机起动性能。

3. 燃油管

燃油管通常使用钢、尼龙或加强橡胶制成，按一定的间隔距离紧固在车架上，以防止移动、磨损（图1-74）。当采用钢油管时，一般用一小段橡胶软管与钢油管连接，以避免把发动机的振动传到油管。如果燃油管有开裂、磨损、扭曲等现象，则必须更换。

4. 燃油滤清器

燃油滤清器的作用是除去燃油中的杂质，防止燃油供给系统堵塞，减小油泵、喷油器等部件的机械磨损。

燃油滤清器通常安装在燃油箱外部，采用打褶的纸质滤芯，滤芯装在金属外壳内（图1-75），通常燃油滤清器是整体更换的。在很多燃油滤清器的进油管接头和出油管接头上都有标志，滤清器外壳上的箭头表示燃油通过滤清器的流动方向。

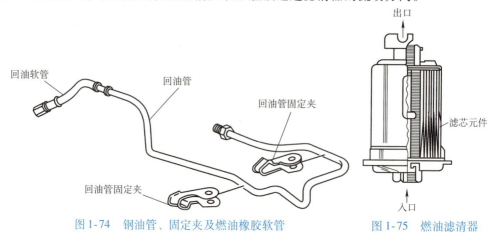

图1-74　钢油管、固定夹及燃油橡胶软管　　图1-75　燃油滤清器

有些车型上，燃油滤清器和燃油泵一起安装在燃油箱内部，如图1-76所示。

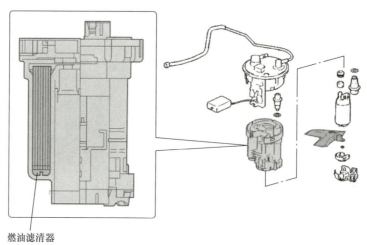

图1-76　安装在油泵壳体上的燃油滤清器

5. 燃油压力调节器

燃油压力调节器（又称油压调节器）的主要作用是使燃油分配管路与进气歧管之间的压力差保持恒定，使喷油器的喷油量只受喷油时间的影响，从而使电控单元能够精

确控制喷油器的喷油量。

压力调节器的作用是调节喷油器的燃油喷射压力。此外，压力调节器能像燃油泵的止回阀一样，维持燃油管里的残余压力。燃油压力调节有两种方法。

（1）根据进气歧管压力调节燃油压力 进气歧管真空作用于燃油压力调节器膜片的上腔，根据歧管压力改变阀门的开启压力，从而改变油压，使燃油通过回油管流回燃油箱。这种类型的燃油压力调节器如图1-77所示，其在燃油系统中的安装位置如图1-78所示。

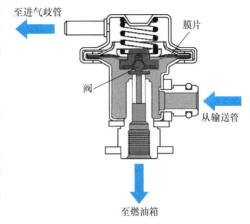

图1-77 燃油压力调节器（歧管压力调节型）

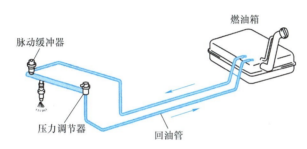

图1-78 燃油压力调节器（歧管压力调节型）的安装位置

燃油压力调节器根据进气歧管真空持续调节燃油压力，使燃油分配管路与进气歧管之间的压力差保持恒定（通常设定为250kPa），使喷油器的喷油量只受喷油时间的影响，从而使电控单元能够精确控制喷油器的喷油量。

（2）恒定的燃油压力 这种类型的燃油压力调节器将燃油压力控制在一个恒定的压力值（通常设定为300kPa）。当燃油压力超过压力调节器的弹簧的压力时，阀门开启，使燃油回流到燃油箱从而调节压力，如图1-79所示。燃油在燃油喷射系统中的流动如图1-80所示。进气歧管内的压力状态随着发动机工作状态的变化而不断变化，在这种燃油调节方式下，发动机ECU根据进气歧管真空的变化，计算每次喷射时间内的燃油喷油量，确保喷油器喷射适当数量的燃油。

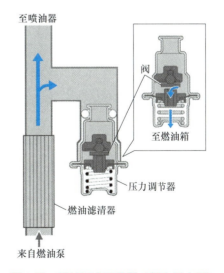

图1-79 燃油压力调节器（恒定压力型）

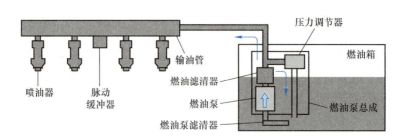

图 1-80　燃油在燃油喷射系统中的流动

6. 燃油压力脉动减振器

在有些车型的发动机供油系统中安装有燃油压力脉动减振器。当喷油器喷射燃油或燃油泵泵油时,在输送管道内会产生燃油压力脉动。脉动缓冲器采用一个膜片,吸收由于燃油喷射和燃油泵压缩而产生的微量的燃油压力脉动,如图 1-81 所示。

7. 燃油分配管总成

燃油分配管总成又称油轨(图 1-82),安装在进气歧管下部的 4 个固定座上。燃油分配管常由铸铝制成,包括喷油器的内装管接头、供油管和压力调节器。燃油分配管与喷油器相连接,并向喷油器分配燃油。油压测试口位于燃油分配管的一侧,用于维修时的检查和释放系统压力。

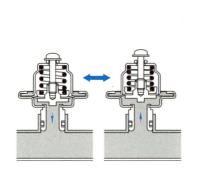

图 1-81　燃油压力脉动减振器

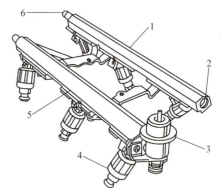

图 1-82　燃油分配管总成(V 型 6 缸)
1、5—油道　2—进油口　3—汽油压力调节器
4—喷油器　6—油压测试口

8. 喷油器

喷油器的功能是在发动机各种工况下,向气缸提供计量精确的雾化燃油。喷油器通过绝缘垫圈安装在进气歧管或进气道附近的缸盖上,并用燃油分配管将其位置固定,根据电控单元提供的喷射信号进行燃油喷射。喷油器应具有良好的雾化能力和适当的喷雾形状,以保证发动机的冷起动性、怠速稳定性,并应满足降低排放污染的要求。

发动机 ECU 传来的信号使喷油器内的电磁线圈通电产生磁场,针阀在磁场作用下克服回位弹簧的力将阀门开启,喷射燃油,如图 1-83 所示。由于针阀的行程是固定的,因此燃油喷油量是由电磁线圈的通电时间来控制的。

喷油器按阻值的不同可以分为低阻喷油器和高阻喷油器两种。低阻喷油器电磁线圈的电阻值为2～3Ω，高阻喷油器电磁线圈的电阻值为13～16Ω。

3.3 燃油喷射的控制

燃油喷射的控制主要包括燃油泵的控制、喷油器的控制和喷油时间的控制。

1. 燃油泵的控制

电控汽油喷射系统燃油泵控制的基本要求是：当点火开关打开后，电控单元将控制燃油泵工作2～3s，以建立必需的油压；此时若不起动发动机，电控单元将切断燃油泵的控制电路，燃油泵停止工作；在发动机起动过程和运转过程中，电控单元控制燃油泵保持正常运转，供应压力燃油。

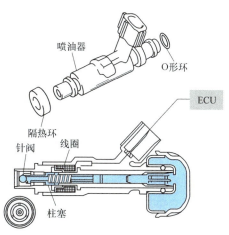

图1-83 喷油器

（1）基本工作原理 燃油泵在发动机运转时应该工作。若发动机没有运转，即使点火开关开启，燃油泵也不工作。燃油泵基本控制电路如图1-84所示。

1）点火开关置于"IG"位置。当点火开关位于"IG"位置时，EFI继电器接通。

2）点火开关置于"ST"位置。发动机起动时，从点火开关的ST端子会传递一个STA信号到发动机ECU。当STA信号被输入到发动机ECU时，发动机ECU内部的晶体管接通，开路继电器闭合，燃油泵开始工作。

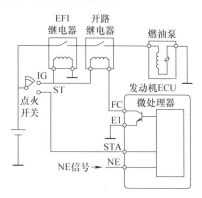

图1-84 燃油泵基本控制电路

3）发动机起动/运转。发动机运转的同时，发动机ECU收到曲轴位置传感器传来的NE信号，晶体管继续保持接通，使燃油泵继续运作。

4）发动机停止。若发动机停止，发动机ECU接收不到NE信号，晶体管关闭，开路继电器被断开，燃油泵停止工作。

（2）燃油泵的速度控制 通常燃油泵在一定转速下运转，因而输出油量不变。但在发动机高速、大负荷工况下，因用油量大，需要提高燃油泵转速以增加泵油量；当发动机工作在低速、中小负荷工况时，应使燃油泵低速运转，以减少泵的磨损及不必要的电能消耗。

因此，某些发动机在燃油泵控制电路中增加了燃油泵的转速控制机构，通过控制燃油泵的电压改变转速，达到控制输出的目的。

燃油泵ECU控制式转速控制电路如图1-85所示。

（3）燃油泵关闭控制系统 当安全气囊充气胀开或者车辆发生碰撞、翻车时，一些汽车的燃油泵控制系统使燃油泵停止运转，以保证安全。

1）当安全气囊充气胀开时。当驾驶人安全气囊、前排乘员侧安全气囊或座椅侧安全气囊充气胀开时，发动机ECU从安全气囊中央传感器总成检测到充气信号，便会断

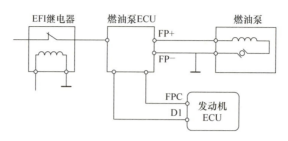

图 1-85 燃油泵 ECU 控制式转速控制电路

开开路继电器，使燃油泵停止运转。安全气囊中央传感器总成和燃油泵电路如图 1-86 所示。

2）当车辆发生碰撞或翻车时。当车辆发生碰撞或翻车时，燃油泵惯性开关会关闭燃油泵，减少燃油泄漏。燃油泵惯性开关如图 1-87 所示。

当车辆发生碰撞或翻车时，燃油泵惯性开关内的钢球移动，开关从触点处分开并断开电路，停止燃油泵的运转，如图 1-88 所示。按下复位开关即可取消燃油泵关闭状态。

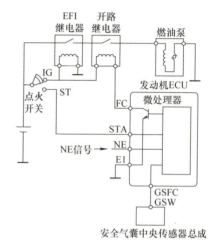

图 1-86 安全气囊中央传感器总成和燃油泵电路

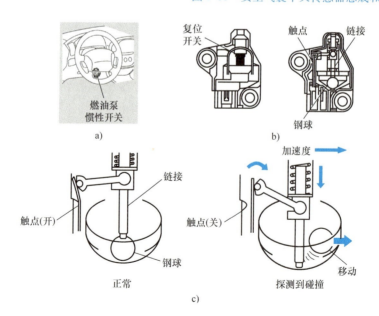

图 1-87 燃油泵惯性开关
a）安装位置 b）结构 c）工作原理

2. 喷油器的控制

燃油喷射系统的喷油器由电控单元进行控制。喷油器驱动电路如图1-89所示。发动机工作时，电控单元根据有关传感器输入的信号，经运算判断后输出控制信号，控制接通喷油器电磁线圈电路，喷油器开始喷油；如果控制信号断开喷油器电磁线圈电路，则喷油器停止喷油。

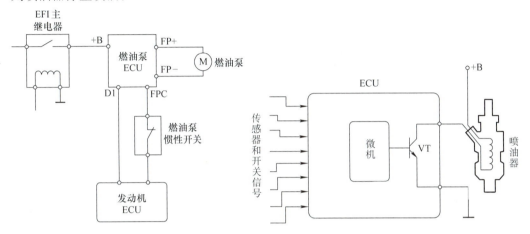

图1-88　燃油泵惯性开关工作电路　　　　图1-89　喷油器驱动电路

喷油器按设定正时喷射，并根据进入的空气量或发动机转速的变化调整喷射时间。喷油量越大，开始喷射的时间越早。根据控制方式不同，喷油器燃油喷射可以分为同步喷射、分组喷射和顺序喷射3种基本类型，如图1-90所示，最常用的是顺序喷射。

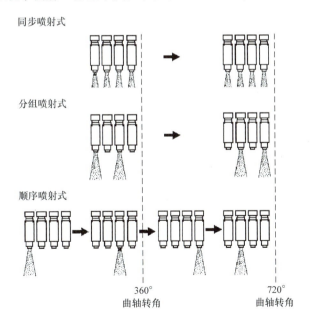

图1-90　燃油喷射的3种类型

顺序喷射也称为单独喷射，发动机每一个工作循环中，各缸喷油器按顺序依次喷射

1次，如图1-91所示。

顺序喷射的控制电路如图1-92所示，各缸喷油器分别由电控单元进行控制。目前大部分汽车发动机采用顺序喷射方式。

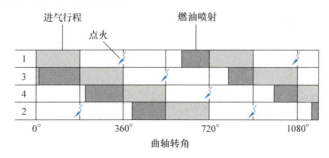

图1-91 顺序喷射

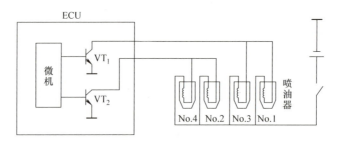

图1-92 顺序喷射的控制电路

3. 喷油时间的控制

电磁喷油器的喷油量取决于电磁阀打开的时间，即电控单元提供的喷油脉冲信号宽度（简称为喷油脉宽）。

（1）燃油喷射时间的计算　燃油喷射时间＝基本燃油喷射时间＋校正喷射时间

基本燃油喷射时间通过进入的空气量和发动机转速确定。图1-93给出了一个发动机的负荷P、转速n和空燃比λ的关系图，也称作图谱。这张图谱以数字方式存储在电控单元的只读存储器中，用于确定脉冲宽度。箭头指向负荷、转速和空燃比增加的方向，曲线的交叉点即代表期望的空燃比相对值。

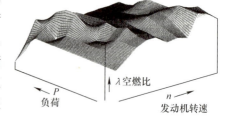

图1-93 脉冲宽度控制图谱

校正喷射时间取决于各传感器的信号，包括起动加浓、预热加浓、空燃比反馈校正、加速加浓、燃油切断、功率加浓、进气温度校正、电压校正等。

（2）各种校正信号

1）起动加浓。在起动时发动机转速较低，而进入的空气量的变化较大，因此起动时的喷油量不能根据进入的空气量来计算。起动时的燃油喷射时间根据冷却液温度来决定。发动机温度越低，燃油的雾化性越差，需增加喷射时间来得到较浓的混合气。起动加浓如图1-94所示。

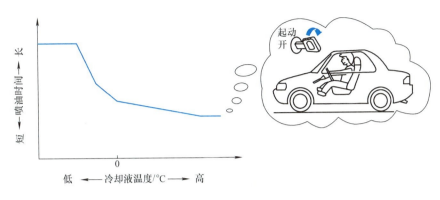

图 1-94 起动加浓

2）预热加浓。发动机在冷机时，燃油不容易雾化，所以需要增加燃油的喷油量，即增加燃油喷射时间来获得较浓的混合气，从而达到较好的行车性。预热加浓最大校正量是常温下的两倍，如图1-95所示。

3）空燃比反馈校正。当发动机负荷或发动机转速没有较大的波动，如发动机预热后的怠速或以恒定速度行驶时，发动机 ECU 根据气缸内进入空气量的多少而供给燃油量（接近理论的空燃比值），并使用氧传感器进行反馈控制。

发动机 ECU 决定了基本的喷射时间以达到理论上的空燃比值。在发动机实际工作中可能出现实际空燃

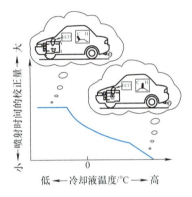

图 1-95 预热加浓

比稍微偏离理论值的情况，这时根据氧传感器检测的混合气体中的氧气浓度值，来确定在此时的燃油喷射时间是否达到了空燃比的理论值。如果发动机 ECU 从氧传感器的信号中断定空燃比高于理论值，它会减少喷射时间产生较稀的混合气；如果发动机 ECU 从氧传感器的信号中断定空燃比低于理论值，它会增加喷射时间产生较浓的混合气。

反馈控制操作通过持续进行较小的校正，使空燃比保持在理论值附近，称为闭环控制，如图 1-96 所示。

为防止催化剂过热和保证发动机的良好运作，空燃比反馈在发动机起动、起动后加浓、功率加浓、冷却液温度低于预定值、燃油切断、检测到电控系统故障等情况下不产生反馈控制，该过程称为开环控制。

4）加速加浓。当踩下加速器踏板开始加速时，如果根据进入的空气量而增加喷油量，会出现燃油供应滞后于进入气缸内的空气，空燃比变小，因此需延长燃油喷射时间。加速加浓的大小取决于节气门开启角度的变化速度。加速校正在加速开始阶段会大量增加，增加到上限值后会逐渐减小。此外，加速越快，燃油喷油量的增加越大。加速加浓如图 1-97 所示。

5）燃油切断控制。燃油切断控制主要包括减速断油、发动机超速断油和汽车超速行驶断油。

减速断油：在减速过程中，为了减少有害气体的排放和增强发动机的制动效果，根

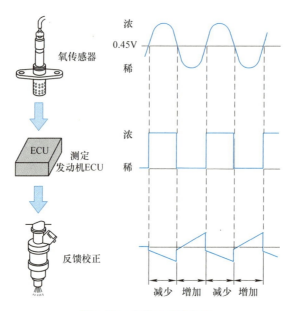

图 1-96 空燃比反馈校正

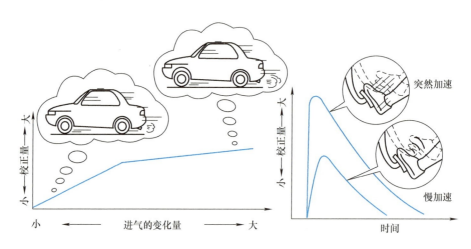

图 1-97 加速加浓

据减速的具体条件可停止喷油,即燃油切断。减速状态取决于节气门的开度和发动机转速,当发动机转速超过预定值并且节气门关闭时,燃油切断。当发动机转速低于预定值或节气门开启时,燃油喷射将重新开始。燃油切断如图 1-98 所示。

当冷却液温度低的时候,发动机的燃油切断转速和燃油重新喷射转速将会增加。此外,当打开空调开关时,为防止发动机转速下降和发动机失速,发动机的燃油切断转速和燃油重新喷射转速也会增加。

发动机超速断油:在某些发动机上,为避免发动机超速运行,当发动机转速超过额定转速时,电控单元使燃油切断。

汽车超速行驶断油:某些汽车在汽车行驶速度超过限定值时,停止喷油。由电控单元根据节气门位置、发动机转速、冷却液温度、空调开关、停车灯开关及车速信号来实现断油控制。

6）功率加浓。发动机在高负荷情况下，例如当爬陡峭的山路时，很难使吸进的空气和喷射的燃油充分混合。因此，在这种情况下，燃烧过程中就需要喷射较多的燃油以使空气充分燃烧而增加功率，如图1-99所示。

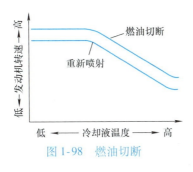

图1-98 燃油切断

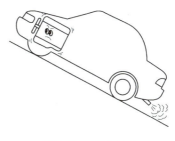

图1-99 功率加浓

高负荷是由节气门位置传感器的开启、发动机转速和进气质量来确定的。进气质量越高或发动机转速越高，燃油喷射的增加量越大；当节气门的开启角度不小于预定值时也会增加燃油喷射量，增加量从约10%升到30%。

7）进气温度校正。空气密度随空气温度的变化而变化，因此需要根据进入气缸中的空气温度来增加或减少燃油的量。发动机ECU将空气温度标准值设定为20℃，当空气温度高于或低于标准值时，就会确定一个校正量。随进气温度的变化，校正量增加或减少接近10%。进气温度校正如图1-100所示。

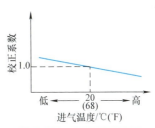

图1-100 进气温度校正

对热线式空气流量计，由于流量计会输出一个空气温度的校正信号。因此，进气温度不需校正。

8）电压校正。发动机ECU把喷射信号传给喷油器的时间和喷油器实际喷射燃油的时间之间存在时间延迟，这个延迟时间用于打开喷油器电磁阀。若蓄电池电压严重降低，则延迟时间较长，即喷油器喷射时间较发动机ECU计算的喷射时间短，这时混合气偏稀。因此发动机ECU将根据蓄电池电压的降低而延长喷射时间以进行调节，如图1-101所示。

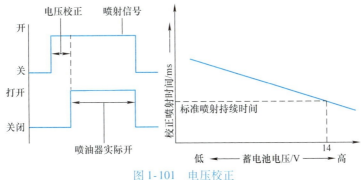

图1-101 电压校正

3.4 认识缸内直喷系统

缸内直接喷射系统的特点：在进气行程中空气通过进气门流入燃烧室，燃油直接喷入燃烧室内，在燃烧室内形成混合气。下面以博世公司的 MED – Motronic 直接喷射系统为例来说明。

1. 系统组成

博世公司的 MED – Motronic 直接喷射系统组成如图 1-102 所示。

3.4 认识缸内直喷系统

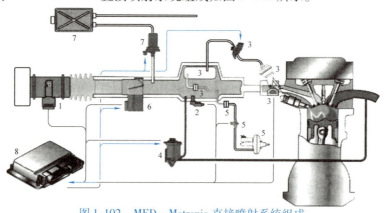

图 1-102　MED – Motronic 直接喷射系统组成

1—空气流量计　2—进气压力传感器　3—进气管风门控制装置　4—废气再循环阀
5—制动助力压力传感器　6—节气门控制单元　7—活性炭罐装置　8—电控单元

进气系统为每个气缸配置一个进气管风门（图 1-103），进气管风门工作时，关闭下部通道，进气流过上部通道，流速提高，以回旋方式进入缸内。进气管风门不工作时，上、下两个通道都打开，由于进气通道横截面较大，发动机可以吸入较多的空气。

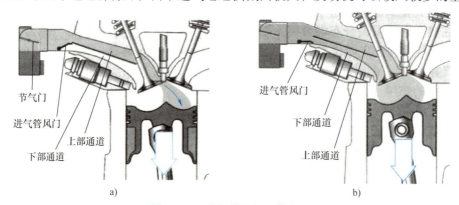

图 1-103　进气管风门工作状况

a) 进气管风门关闭下部通道（工作）　b) 进气管风门打开通道（不工作）

为了准确测定和控制进入发动机气体的流量，直接喷射系统使用了环境压力传感器（安装在发动机电控单元内）、带有进气温度传感器的热膜式空气流量计，并使用进气管压力传感器来检测废气再循环量。

2. 燃油系统

（1）燃油系统的组成　燃油系统由一个低压循环回路和一个高压循环回路组成，

如图 1-104 所示。

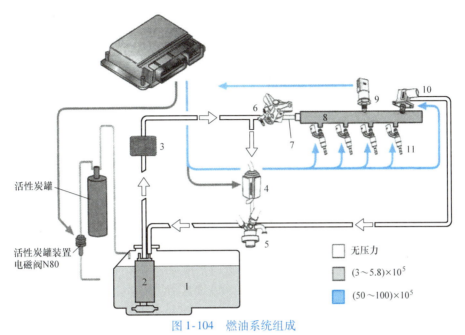

图 1-104　燃油系统组成

1—燃油箱　2—电动燃油泵　3—燃油滤清器　4—燃油计量阀　5—燃油压力调节器高压燃油系统
6—高压燃油泵　7—高压燃油管路　8—燃油分配管　9—燃油压力传感器
10—燃油压力调节阀　11—喷油器

1) 低压循环回路。电动燃油泵将燃油预先加压后通过滤清器输送至高压泵。为防止燃油温度较高时在高压泵内产生气泡，在起动和怠速运转时将预压提高至最大 580kPa，并关闭燃油计量阀以及通往燃油压力调节器的通道，提高低压燃油系统内的压力。在起动较短的时间后，将燃油计量阀打开，由低压燃油调节器进行调压。

2) 高压循环回路。高压泵是一个径向活塞泵，将通过 30~50kPa 预压力提供的燃油提高到 500~1200kPa 的高压。高压燃油被输送至高压蓄能器（即共轨，可平衡燃油系统内的压力脉冲）处，然后分配到各高压喷油器。共轨压力传感器测定燃油压力，发动机电控单元通过燃油压力调节阀来调节高压燃油压力，以减少有害物质的排放和噪声的形成。

（2）喷油器　喷油器的结构如图 1-105 所示。发动机电控单元控制高压喷油器。当喷油时，喷油器通电，阀针克服回位弹簧的力打开喷油器，喷射高压燃油；切断电流时，回位弹簧将针阀压到阀座上并切断喷油。

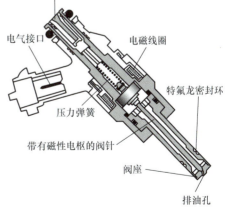

图 1-105　喷油器的结构

3. 发动机管理系统

MED-Motronic 发动机管理系统主要有 3 种运行模式：分层进气运行模式、均匀进气运行模式、均匀稀混合气运行模式，如图1-106所示。

3.4.3 发动机管理系统运行模式

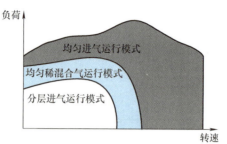

图1-106 发动机管理系统运行模式

（1）分层进气运行模式　在转速低于3000r/min的低转速范围内，发动机以分层进气模式运行。

节气门开启角度很大时，进气管风门将通往气缸的下部通道关闭（图1-107a）。进气流过上部通道，流速提高并以回旋形式进入气缸（图1-107b）。在压缩阶段即将达到点火时刻时才进行燃油喷射（图1-107c）。此时形成混合气雾（图1-107d），它通过燃烧室内的回旋气流和向上运动的活塞集中在火花塞区域。由于点火时刻延迟，因此无法在整个燃烧室内分布混合气，混合气非常稀，整个燃烧室内的空燃比$\lambda = 1.6 \sim 3$。此后点燃混合气雾（图1-107e）。剩余混合气不参加燃烧过程，起到隔热膜的作用。发动机功率由喷射燃油量决定。此时由于空气过量程度较高，因此NO_x排放非常高，可通过较高的废气再循环率来减少NO_x排放。

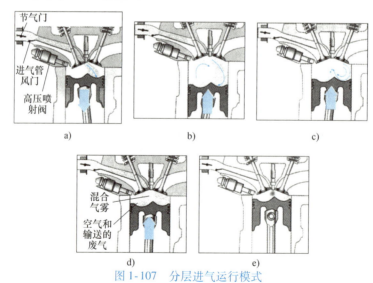

图1-107 分层进气运行模式

（2）均匀进气运行模式　转矩要求较高时，发动机以均匀进气模式运行。均匀进气模式基本上与进气管喷射装置的燃烧过程相同。根据加速踏板位置打开节气门并打开进气管风门（图1-108a）。在进气行程中喷射燃油（图1-108b）。进气通道整个横截面打开，吸入全部空气量，较浓的混合气雾均匀分布在燃烧室内。此时形成均匀混合气（$\lambda = 1$），即混合气均匀分布在燃烧室内（图1-108c），在整个燃烧室内进行燃烧（图1-108d）。因此混合气形成及燃烧过程与带有进气管喷射装置的发动机相似。由于燃油在燃烧室内蒸发，因此蒸发热量可使缸内气体冷却下来，充气效率提高近10%，爆燃程度得以降低，因此能够提高压缩比。发动机转矩、耗油量和排放量由点火时刻决定。

（3）均匀稀混合气运行模式　在分层进气和均匀进气运行模式之间的过渡区域可通过均匀的稀混合气（约λ=1.55）驱动发动机运行，如图1-109所示。与分层进气运行模式时一样，此时节气门开启角度很大，进气管风门关闭（图1-109a）。由此一方面可以减少节气门损失，另一方面加强了空气在气缸中的流动。在进气行程中，在点火上

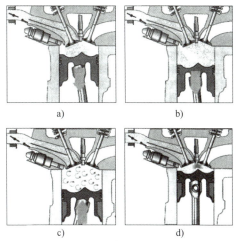

图1-108　均匀进气运行模式

止点前约30°时喷射燃油（图1-109b），通过提前喷射可为点火前形成混合气提供更多时间，在燃烧室内形成均匀混合气（图1-109c）。与均匀进气运行模式时一样，可以自由选择点火时刻，在整个燃烧室内进行燃烧（图1-109d）。在分层进气运行模式与均匀进气运行模式之间进行转换时，就会启用均匀稀混合气运行模式。

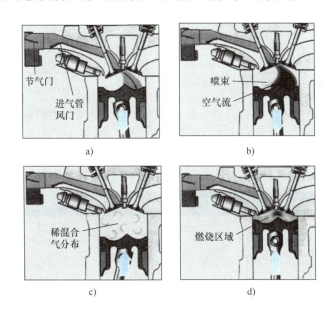

图1-109　均匀稀混合气运行模式

4. 宽带氧传感器

氧传感器通过检测废气中氧的含量来反映混合气浓或稀的信号。宽带氧传感器可以检测连续的混合气浓度，从而实现过量空气系数的精确调节（如在λ=0.3~0.7范围内调节混合气成分），适用于汽油直喷发动机的稀混合气运行模式。大众车系的奥迪、宝来等采用的平面式宽带氧传感器如图1-110所示。

3.4.4 宽带氧传感器

宽带氧传感器有一个电化学单元（称为泵室），向废气侧的电极泵入氧气，使其和大气侧的电极之间保持450mV的恒定电压，如图1-111所示。泵室根据混合气内的氧气含量的多少，泵入氧气到测量范围。当混合气较稀时，只需要泵入少量的氧气，此时需要的泵功率较小（电流较小）；当混合气较浓时，需要泵入较多的氧气，此时需要的泵功率较大（电流较大）。

图 1-110　宽带氧传感器

与二氧化锆氧传感器的阶跃式上升的电压曲线特性（因此又称为阶跃式氧传感器）不同，宽带氧传感器通过一条线性上升的电流强度曲线输出当前过量空气系数的实际值，如图1-112所示。发动机电控单元检测泵的耗电量，从而计算出过量空气系数。

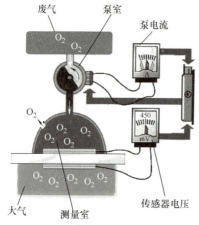

图 1-111　宽带氧传感器工作原理

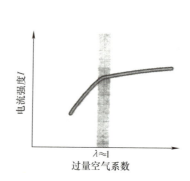

图 1-112　宽带氧传感器工作特性

完成学习工作页

学习工作页3					
姓　　名		班　　级		小　　组	
日　　期		开始时间		结束时间	

回答问题：

1. 参照图1-84燃油泵基本控制电路，请判断正误。
1）当点火开关位于IG位置时，发动机ECU使开路继电器工作，燃油泵开始运转。（　　）
2）当点火开关位于ST位置时，STA信号被输入发动机ECU，燃油泵开始运转。（　　）
3）发动机运转时，NE信号被输入发动机ECU，燃油泵持续运转。（　　）
4）若发动机熄火，即使点火开关位于IG位置，燃油泵也会停止运转，因为NE信号没有被输入发动机。（　　）

2. 下列语句和喷油器的燃油喷射方法和喷射正时相关，请判断正误。
1）在顺序喷射式中，曲轴每转1圈，燃油被单独地喷射进每个气缸1次。（　　）
2）在分组喷射式中，曲轴每转1圈，燃油被同时喷射进每组气缸1次。（　　）
3）在同步喷射式中，曲轴每转1圈，燃油被同时喷射进所有气缸1次。（　　）
4）在所有以上3种喷射型中，燃油总是在设置好的时间喷射。（　　）

单元一 认识发动机电控系统

（续）

3. 以下是关于电子燃油喷射系统和基本喷射时间的论述，请判断正误。
1）发动机 ECU 总是根据传感器传来的信号确定合适的燃油喷油量。（　　）
2）基本喷射时间由加速器开启角和发动机转速决定。（　　）
3）校正喷射时间通过传感器检测到的发动机工况而计算出来。（　　）
4）实际喷射时间＝基本喷射持续时间＋校正喷射时间。（　　）
5）发动机冷起动时，燃油难于雾化，此时通过预热加浓来增加喷射时间。（　　）

4. 下列哪种传感器信号是起动加浓校正的基础？（　　）
A. 冷却液温度传感器　　　　B. 空气流量计（或者歧管压力传感器）
C. 氧传感器　　　　　　　　D. 以上所有传感器

5. 下列语句和空燃比反馈校正有关，请判断正误。
1）当发动机工作条件快速变化时，空燃比反馈校正开动。（　　）
2）当发动机 ECU 确定氧传感器信号为空气－燃油混合气比理论值浓时，要缩短燃油喷射持续时间，以使空气－燃油混合气变稀些。（　　）
3）根据氧传感器信号工作的空燃比反馈校正是连续不断地控制空气－燃油混合气，使之和理论值相同。（　　）

6. 以下是关于空燃比反馈校正停止条件的论述，请判断正误。
1）当发动机起动时。（　　）
2）当发动机预热时（冷却液温度大于50℃）。（　　）
3）当加速加浓校正和功率加浓修正时。（　　）
4）当燃油切断时。（　　）
5）当氧传感器输出0V（稀薄）信号超过15s时。（　　）

7. 以下陈述与加速加浓有关，请判断正误。
1）加速状态由车速传感器检测。（　　）
2）由于加速时混合气加浓，开始加速时，燃油喷油量大量增加，随后逐渐减少，直至加速停止。（　　）
3）加速越快，喷油量增加越慢。（　　）
4）加速状态由曲轴位置传感器和凸轮轴位置传感器检测。（　　）

8. 下列语句和减速过程中燃油切断控制有关，请判断正误。
1）在减速过程中，为了减少有害气体的排出和改善发动机的制动效果，故采用燃油切断控制来激活。（　　）
2）当节气门关闭时，发动机 ECU 决定减速时的所有的运行条件。（　　）
3）在燃油切断控制过程中，当发动机转速快速降至设定确定值时，燃油喷射将重新开始。（　　）
4）在燃油切断控制过程中，当节气门打开时，燃油喷射将重新开始。（　　）

完成任务：
在教师提供的车辆或电控发动机上，通过查阅维修手册，认识燃油供给系统（燃油喷射系统）的组成，找出各个部件的安装位置，回答问题。

1. 电动燃油泵的安装位置：＿＿＿＿＿＿＿＿＿＿＿＿＿＿＿＿；燃油喷射系统的工作油压是：＿＿＿＿＿＿＿＿＿＿。

2. 该燃油喷射系统属于：
1）□ 回流型燃油喷射系统　　□ 无回流型燃油喷射系统
2）□ 进气管燃油喷射系统　　□ 缸内直喷燃油喷射系统
3）□ 单点燃油喷射系统　　　□ 多点燃油喷射系统
4）□ 同时喷射系统　　□ 分组喷射系统　　□ 顺序喷射系统
如果教师提问，说明为什么做出这样的选择。

电控发动机维修 第3版

 指导教师评语

教师签字：_____ 日期：_____

任务4 认识汽油发动机的点火系统

 学习目标

在汽油机中，气缸内的可燃混合气是靠电火花点燃的，如果点火系统出现故障，往往发动机无法起动。点火系统在汽车上是最先使用电控技术的系统，随着发动机点火系统技术不断发展，许多机械部件不再使用，点火系统的维护变得越来越简单。

本任务要求认识点火系统的各个部件和工作方式。完成任务后应能够回答以下问题：点火系统的功能是什么？由哪些部件组成？简要说明有分电器电控点火系统的工作过程。简要说明无分电器电控点火系统的工作过程。简要说明点火提前角、通电时间的控制和爆燃控制。

 学习信息

4.1 点火系统的作用和分类

点火系统的功能有：产生高压电使火花塞跳火，点燃混合气；控制点火提前角；按点火顺序将火花分配到各气缸。电控点火系统可以控制发动机各工况时的点火提前角，使发动机在功率、经济性、加速性和排放等方面达到最优。

电控点火系统可分为有分电器和无分电器两种类型。在有分电器的点火系统中，高压分电功能由分电器完成，用一个点火线圈向不同气缸提供点火能量；无分电器点火系统采用多个点火线圈实施点火的方式。现在汽油发动机多使用无分电器点火系统。

4.1 点火系统的作用和分类

4.2 认识点火系统的主要部件

电控点火系统主要部件包括点火线圈、高压导线、火花塞、分电器、点火控制器等。点火系统的部件在车上的布置如图1-113。

1. 点火线圈

点火线圈的作用是将汽车蓄电池或发电机输出的低压电升高至15~30kV，以供火花塞产生高压电火花。

点火线圈由匝数较少的一次线圈和匝数较多的二次线圈构成，线圈缠绕在磁性铁心上。常用点火线圈的结构如图1-114所示。

当电流流过一次线圈时，产生磁场。磁场强度的大小与线圈的匝数和流过线圈的电

单元一　认识发动机电控系统

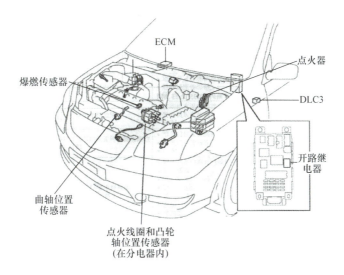

图 1-113　点火系统的部件在车上的布置

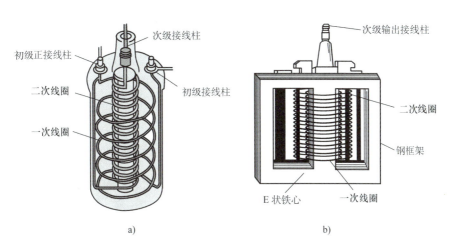

图 1-114　常用点火线圈的结构
a）典型的点火线圈　b）空气冷却环氧树脂 E 形线圈

流强度有关。当一次线圈电流发生变化时，线圈内磁场发生变化，在二次线圈感应出足以击穿火花塞的高压电动势。

2. 高压导线

高压导线又称火花塞导线，它将点火线圈产生的高压电传输到分电器盖，再由分电器盖传到各缸火花塞，如图 1-115 所示。由于点火系统中能达到数万伏的高压电，所以导线的绝缘性和抗干扰性很重要，通常采用电阻型的高压导线。

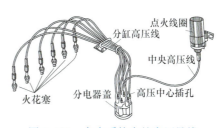

图 1-115　点火系统中的高压导线

3. 火花塞

点火系统用火花塞点燃气缸内的可燃混合气。火花塞由3个主要部分组成——钢壳、陶瓷绝缘体和一对电极（图1-116），带有螺纹和密封座的钢壳包裹着陶瓷芯和电极。常用汽车用火花塞的螺纹规格为14mm或18mm，中心电极与搭铁电极间的火花塞间隙一般为0.8~1.2mm。

4. 分电器

电控点火系中分电器的作用是将高压电按点火顺序分配至火花塞。它主要由分电器盖、分火头组成。丰田轿车分电器的结构如图1-117所示。有些车辆的曲轴和凸轮轴位置传感器安装在分电器内。

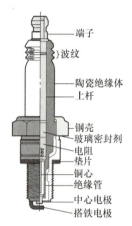

图1-116 典型的火花塞结构

分火头随分电器轴旋转时，高电压从分火头上的导电片跳过0.2~0.8mm间隙到侧电极，再经高压导线至火花塞。侧电极的排列顺序和发动机各缸点火顺序一致。

5. 点火控制器

点火控制器（ICM）又称为点火器、点火控制单元，其作用是接收传感器的信号在适当的时刻断开和接通一次点火电路，使点火线圈产生高压电。带点火线圈的点火控制器如图1-118所示。

在发动机电控系统中，点火控制器常常固化在发动机电控单元中。点火控制器内部发生故障后，修复比较困难，往往是采用换件的方法进行修理。

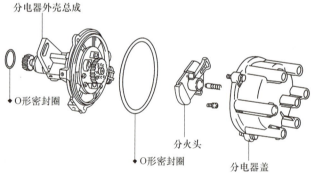

图1-117 丰田轿车分电器的结构

图1-118 桑塔纳轿车的点火控制器

4.3 认识无分电器的电控点火系统

1. 无分电器电控点火系统的组成

无分电器电控点火系统又称直接点火系统（DIS），它采用多个点火线圈，点火线圈的高压电按照一定的点火顺序，由高压导线直接送到火花塞，如图1-119所示。

无分电器电控点火系统的点火线圈包括一组点火线圈（图1-120），每个线圈中二次线圈控制一个或者两个火花塞点火。

单元一　认识发动机电控系统

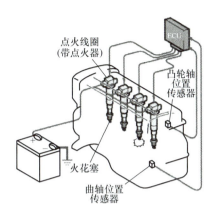

图1-119　无分电器电控点火系统

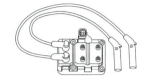

图1-120　点火线圈总成

在典型的无分电器电子点火系统中，ECU根据输入的曲轴和凸轮转速与位置信号，去控制线圈中一次电路的接通和断开时刻，并向点火器发送气缸判别信号，使线圈点火顺序与发动机发火顺序和曲轴位置同步。

无分电器点火系统可分为双缸同时点火系统和单独点火系统。

2. 双缸同时点火的控制

双缸同时点火是指点火线圈每产生一次高压电，有两个气缸的火花塞同时跳火，即双缸同时点火，如图1-121所示。

线圈的二次线圈与两个气缸的火花塞相连（图1-122）。这两个气缸的活塞一起上升和下降，当一个气缸在压缩冲程终了时，另一个气缸在排气冲程，如四缸发动机的1、4缸或2、3缸；六缸发动机的1、6缸，2、5缸或3、4缸。

4.4.2 双缸同时点火的控制

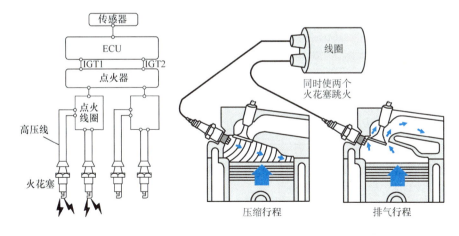

图1-121　双缸同时点火系统　　　图1-122　双缸同时点火过程

一个火花塞按照正常的方向（即从中心电极到外围电极）点火，另一个火花塞按照相反的方向（即从外围电极到中心电极）点火，形成串联回路。在排气行程温度高、压力低，火花塞点火电压低，使用较少的点火能量；而在压缩行程则相反，点火线圈产

57

生的点火能量 90% 以上被使用，所以在压缩行程终了时有足够的电压和能量提供给火花塞点火。

3. 单独点火的控制

单独点火系统如图 1-123 所示。采用单独点火方式的点火系统中，每一个气缸都配有一个点火线圈。点火线圈通常直接安装在火花塞上方，省去了高压导线，这样点火系统高压部件都可安装在发动机气缸盖上的金属屏蔽罩内，点火系统对无线电的干扰可大幅度降低。图 1-124 所示为福特福克斯单独点火系统的点火线圈。

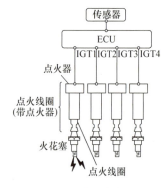

图 1-123　单独点火系统

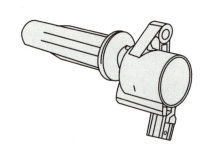

图 1-124　福特福克斯单独点火系统的点火线圈

4.4　认识电子控制点火提前系统

电子控制点火提前（ESA）系统根据发动机工况确定最佳点火正时，并将点火信号传送给点火器。

 你知道吗？

如果点火过迟，则混合气的燃烧主要在活塞下行过程中完成，使炽热的气体与气缸壁接触的面积增大，气缸内最高燃烧压力降低，功率下降，对发动机的影响有：发动机不易起动；发动机过热，且汽车行驶无力；消声器响声沉闷等现象。

如果点火过早，由于混合气的燃烧在压缩过程进行，气缸内的燃烧压力急剧升高，气体压力作用的方向与活塞运动的方向相反，活塞上行消耗的压缩功增加、功率下降，对发动机的影响有：发动机不易起动；发动机过热，并可能引起爆燃和运转不平稳现象；发动机运行时有明显的敲缸声（爆燃）；加速运动部件和轴承损坏。

电子控制点火提前（ESA）系统由各种传感器、发动机 ECU、点火器、点火线圈和火花塞等组成，如图 1-125 所示。

1. 点火正时控制

点火正时控制包括起动点火控制和起动后点火控制两个基本控制，如图 1-126 所示。

（1）起动点火控制　当发动机起动时，由于速度较低，进入的空气质量不稳定，进气量信号不能被用作控制信号，因此点火时间设置在初始点火正时角。初始点火正时角是由发动机 ECU 控制的。

单元一　认识发动机电控系统

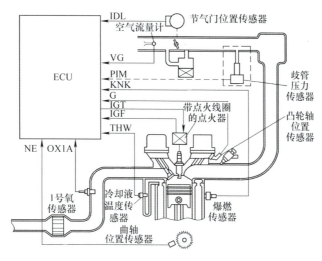

图 1-125　电子控制点火提前系统的组成

初始点火正时角由发动机 ECU 根据 G 信号和 NE 信号确定。如曲轴转角达到上止点前 5°、7° 或 10° 时（不同的机型角度也不同），此时的角度即为最初点火正时角度，如图 1-127 所示。

（2）起动后点火控制　起动后点火控制就是当发动机起动后正常运转时的有效控制。这种控制是通过对初始点火正时角和基本点火提前角进行各种校正来完成的。

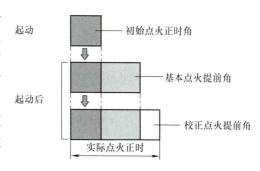

图 1-126　起动点火控制和起动后点火控制

点火正时 = 初始点火正时角 + 基本点火提前角 + 校正点火提前角

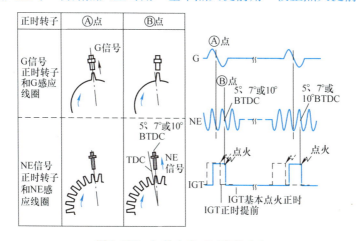

图 1-127　初始点火正时角的确定

基本点火提前角主要由发动机转速和进气量信号决定，基本点火提前角和转速信号、进气量信号的对应关系储存在发动机 ECU 的内存中，如图 1-128 所示。

2. 校正点火提前控制

（1）预热校正　当冷却液温度过低时，为了适应进入的空气质量而进行提前角的校正，通过该校正功能可将点火时间角度提前最大15°。预热校正如图1-129所示。

（2）过热校正　当冷却液温度过高时，点火时间将被延迟以防止爆燃或过热，这种校正使点火时间角度延迟最大5°。过热校正如图1-130所示。

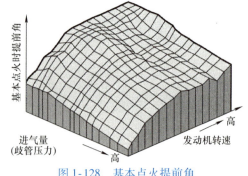

图1-128　基本点火提前角

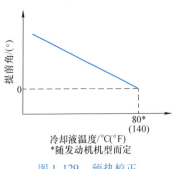

图1-129　预热校正

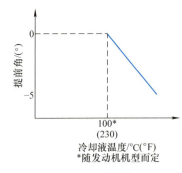

图1-130　过热校正

（3）稳定怠速校正　如果发动机怠速偏离目标怠速，发动机ECU将会调节点火时间以使发动机转速稳定。稳定怠速校正如图1-131所示。

发动机ECU不断地计算出发动机的平均转速，如果发动机转速降至目标怠速转速以下，发动机ECU将会使点火时间预设角度提前；如果发动机转速高于目标怠速转速，则发动机ECU将延迟预设角度。通过这种校正，点火时间角度变化值最大范围为±5°。

（4）爆燃校正　如果发动机出现爆燃，爆燃传感器产生电压信号，发动机ECU根据爆燃信号的强度来判断爆燃的强弱，然后通过延迟点火时间进行校正，如图1-132所示。

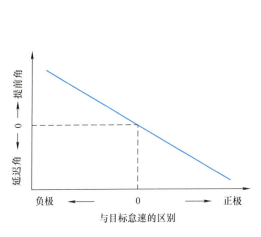

图1-131　稳定怠速校正

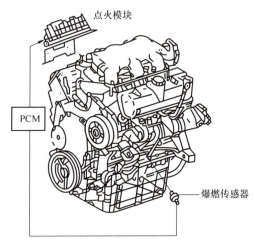

图1-132　爆燃校正

单元一　认识发动机电控系统

当爆燃较强时，点火时间延迟较长；当爆燃较弱时，点火时间仅稍有延迟。当发动机停止爆燃，发动机 ECU 将停止延迟点火时间，并且会逐渐提前点火时间直到再次发生爆燃。当爆燃再次发生时，通过重新起动点火正时来重复该控制。通过这种修正，点火正时角度延迟最大为 10°。爆燃校正如图 1-133 所示，爆燃控制过程如图 1-134 所示。

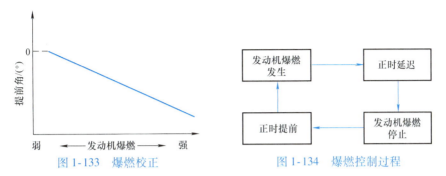

图 1-133　爆燃校正　　　　　　图 1-134　爆燃控制过程

（5）其他校正　还有一些发动机型为 ESA 系统增加了下列几种校正，以便更准确有效地控制点火时间。

1）空燃比比例反馈校正。为了保持怠速稳定，发动机的速度随着喷油量的增加或减少而相应改变。在空燃比比例反馈校正中，点火时间提前应该和进气量相匹配。在车辆行驶中不执行这种校正方式。

2）废气再循环（EGR）校正。当废气再循环系统工作时，点火时间提前应与进入的空气质量和发动机转速相一致。

3）转矩控制校正。配备自动变速器的车辆，在换档过程中会产生振动，可通过延迟点火正时以降低发动机转矩，来减小这种振动。

4）加速校正。当从减速转换为加速时，点火时间根据需要提前或者延迟。

5）巡航控制校正。当以巡航控制行驶时，在下坡行驶中，巡航控制 ECU 发出一个信号给发动机 ECU 以延迟点火正时，使得在制动过程中产生的发动机转矩变化最小，以执行平稳巡航控制。

6）牵引力控制校正。牵引力控制运作时，为了降低发动机转矩需延迟点火正时。

 完成学习工作页

学习工作页4					
姓　　名		班　　级		小　　组	
日　　期		开始时间		结束时间	

回答问题：

1. 点火系统的作用包括（请在□内打√）：
□ 产生高压电使火花塞跳火　　　　□ 形成可燃混合气
□ 点燃可燃混合气　　　　　　　　□ 控制点火提前角
□ 按点火顺序将火花分配到各气缸

2. 下列叙述与点火线圈相关，请判断正误。

1）二次线圈的匝数约为一次线圈匝数的 100 倍。（　　）

（续）

2）电流流过一次线圈，使火花塞产生火花。（　　）
3）当一次线圈被迅速切断后，二次电压变低。（　　）
4）当一次电流较大时，二次电压较低。（　　）

3. 下列叙述与火花塞相关，请判断正误。
1）电极耗损后，间隙增大，容易发生缺火现象。（　　）
2）如果选用的火花塞热值比规定的偏大，电极上容易积聚积炭。（　　）
3）如果电极温度升得太高，将导致自然点火。（　　）
4）火花塞热值越大，散热越好。（　　）

4. 请判断下列叙述的正误。
1）在点火系统中，点火所需的高电压是用线圈的自感和互感来产生的。（　　）
2）在直接点火系统中，发动机的电控单元（ECU）按点火先后顺序，向各个气缸的点火器发送点火信号（IGT）。（　　）
3）当点火正时提前时，不易发生敲缸现象。（　　）
4）当 IGT 信号打开时，点火线圈的一次电流切断。（　　）

5. 以下语句和点火正时控制相关，请判断正误。
1）发动机转速增加时，点火正时提前。（　　）
2）当发动机负荷增大时，点火正时延迟。负荷减小时，点火正时提前。（　　）
3）当发动机起动时，点火正时角是固定的。（　　）
4）当发动机起动后，点火正时是由基本点火提前和校正点火提前控制两种因素控制的。（　　）
5）基本点火提前角是由发动机转速和进气量或歧管压力决定的。（　　）
6）校正点火提前控制器控制着点火正时，以使发动机条件和每个传感器的信号相一致。（　　）

6. 下列叙述与点火正时调整有关，请判断正误。
1）标准点火正时有初始点火正时和固定点火提前角。（　　）
2）发动机预热时，节气门关闭（IDL ON），标准点火正时被固定。（　　）
3）一些机型上 G 和 NE 信号传感器固定到发动机上，点火正时不可调整。（　　）

7. 下列语句和 ESA 系统的校正点火提前控制相关，请判断正误。
1）当冷却液温度过高时，进行预热校正是为了防止爆燃和过热。（　　）
2）冷却液温度过低时，进行超温校正是为了改善发动机的行车性。（　　）
3）当发动机转速偏离目标怠速过大时，进行稳定怠速校正。（　　）
4）当爆燃时，进行爆燃校正以延迟点火正时。（　　）

完成任务：

在教师提供的车辆或电控发动机上，观察点火系统，查阅资料，并找出点火系统的各个部件，并记录下来。和同学一起讨论，简要描述点火系统的工作过程。

车型：_____

使用了：分电器电控点火系统□　无分电器电控点火系统□

（1）点火线圈

作用：_____

（2）高压导线　　　　　　　是否使用　是□　否□

作用：_____

（3）火花塞

作用：_____

（4）分电器　　　　　　　　是否使用　是□　否□

作用：_____

（5）点火控制器　　　　　　是否单独安装　是□　否□

作用：_____

单元一 认识发动机电控系统

你想过吗？

在发动机电控系统点火和喷油控制中，必须做到非常精确才能够让发动机运转平稳，达到安全、舒适、节能的目的。你知道研发人员做了哪些工作才能够做到"精益求精"？对你有哪些启发？

指导教师评语

教师签字：_____   日期：_____

任务5　认识汽油发动机辅助控制系统

学习目标

电控发动机正常的工作还有辅助控制系统，辅助控制包括怠速控制、电子节气门控制、提高进气性能的控制及排放控制等，对比以下的学习信息，有重点地进行学习。完成本任务后应能够回答以下问题：怠速控制系统由哪些部件组成，是怎样工作的？电子节气门控制系统由哪些部件组成，是怎样工作的？提高进气性能的控制系统有哪些？工作原理和工作过程是怎样？排放控制系统包括哪些？作用是什么？

学习信息

5.1　认识怠速控制系统

1. 怠速控制系统基本知识

（1）怠速控制系统的组成　怠速控制（ISC）的作用是自动维持发动机怠速稳定运转。怠速控制系统由怠速控制阀、发动机ECU、传感器及开关等组成，如图1-135所示。怠速控制是通过调节空气通道面积以控制进气流量的方法来实现的。

（2）怠速控制系统主要功能　发动机ECU根据从各传感器输入的信号确定怠速目标转速，然后与发动机的实际转速进行比较，通过控制怠速控制阀（ISCV）的开度来改变旁通管路的空气吸入量，将发动机怠速控制在最佳状态。其主要功能如下：

1）发动机起动。起动时旁通管路被打开，来改善发动机的起动性能。

2）发动机预热。如果发动机冷却液的温度较低，将提高发动机怠速的转速，以便发动机能平稳运转（快怠速）。在发动机冷却液温度升高后，则怠速转速会降低。

3）反馈控制。在使用空调、打开前照灯，或将变速杆从N位换至D位或从D位换

5.1　认识怠速控制系统

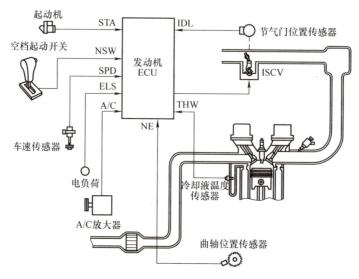

图 1-135 怠速控制系统

至 N 位等情况下,发动机负荷变化,则怠速转速相应进行改变。

(3) 怠速控制分类 发动机怠速控制有节气门旁通型和节气门控制进气量型两种类型,如图 1-136 所示。

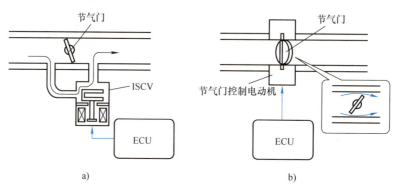

图 1-136 发动机怠速控制类型
a) 节气门旁通型 b) 节气门控制进气量型

1) 节气门旁通型。怠速时节气门关闭,从 ISCV(怠速控制阀)的旁通通道提供发动机怠速运转期间所需的空气量。

2) 节气门控制进气量型。利用节气门的开度控制发动机吸入的空气量,取代了旁通气道和怠速控制阀,能够更精确地控制进气量,简化了怠速控制结构,目前多采用这种方式。

2. 节气门控制进气量型怠速控制过程

(1) 红旗 CA4GE 发动机节气门体控制单元 红旗 CA4GE 电控系统的节气门阀体又称为节气门体控制单元,如图 1-137 所示。节气门与驾驶人操纵的加速踏板相连,松开踏板时节气门开度最小,发动机进入怠速状态。

在节气门体控制单元上装着3个输入传感器和1个执行器：节气门开度传感器、怠速节气门电位计、怠速开关和怠速直流电动机。节气门开度传感器检测节气门的开度；怠速节气门电位计检测怠速时电动机的节气门开启位置；怠速开关可告诉控制单元驾驶人的右脚是否已离开加速踏板、发动机是否已进入怠速状态；执行器是怠速直流电动机，按控制单元的指令控制发动机怠速转速。

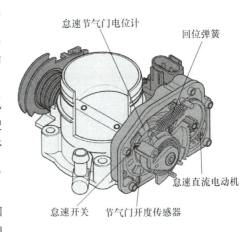

图1-137 节气门体控制单元

（2）怠速控制工作过程 在驾驶人踩加速踏板时，怠速开关触点被分离，此时控制单元只关注节气门开度传感器的信号；当驾驶人不踩加速踏板时，节气门在回位弹簧的作用下关闭，同时怠速开关触点闭合，发动机进入怠速工况，ECU只需关注怠速节气门电位计的信号。控制单元根据这一信号和曲轴转角相位传感器的转速信号来指挥怠速直流电动机动作，准确地控制发动机的怠速转速。

5.2 认识电子节气门系统

机械式节气门机构在驾驶人踏下加速踏板时，通过节气门拉索对节气门进行机械定位。现在有些车上采用了电子节气门技术，取代了机械式节气门机构及节气门拉索，节气门在整个调整范围内都由直流电动机控制。

5.2 认识电子节气门系统

1. 认识电子节气门系统

以丰田车系使用的电子节气门为例说明其组成和工作过程。丰田车系称其为智能电子节气门控制系统（ETCS-i），是使用计算机控制节气门开度的系统，根据加速踏板踩下的量，发动机ECU使用节气门控制电动机来控制节气门的开启角度以达到最佳开度。

ETCS-i系统包括加速踏板位置传感器、节气门体控制单元和发动机ECU。节气门体控制单元由节气门、节气门控制电动机、节气门位置传感器等构成，如图1-138所示。加速踏板踩下的量由加速踏板位置传感器检测，节气门的开启角度由节气门位置传感器检测。

（1）加速踏板位置传感器 加速踏板位置传感器将踏板踩下的量（角度）转换成送至发动机ECU的电压信号，它采用的是霍尔元件型传感器，如图1-139所示。为了确保可靠性，此传感器具有两个独立电路，输出不同特性的两个信号，如图1-140所示。

（2）节气门体控制单元 节气门体控制单元的结构如图1-141所示，包括节气门、节气门位置传感器、节气门控制电动机和回位弹簧等部件。节气门控制电动机可以打开或关闭节气门，回位弹簧能使节气门返回固定位置。

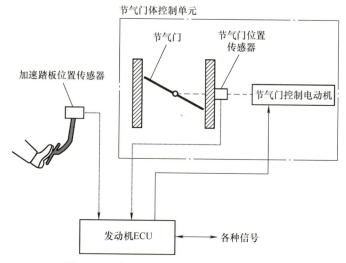

图1-138　智能电子节气门控制系统的组成

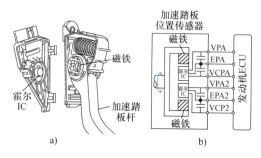

图1-139　加速踏板位置传感器
a）结构　b）电路

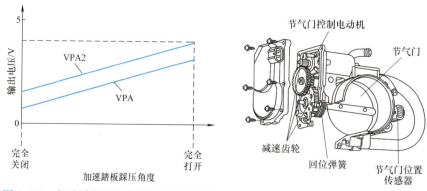

图1-140　加速踏板位置传感器的输出信号　　图1-141　节气门体控制单元的结构

节气门控制电动机采用直流电动机，发动机ECU控制通向节气门控制电动机电流的大小和方向，使电动机转动或维持，然后通过减速齿轮打开或关闭节气门，节气门的实际开启角由节气门位置传感器检测并反馈给发动机ECU。

当没有电流流向电动机时，节气门回位弹簧使节气门开启到一个固定位置（大约7°）。在怠速时，节气门的开度小于这个固定位置。

2. 电子节气门系统控制

根据加速踏板踩压量的大小，ETCS-i 系统将控制节气门的开启角度达到最佳角度。

（1）正常模式、雪地模式和动力模式　正常模式、雪地模式和动力模式如图1-142所示。在一般情况下使用正常模式进行控制，但是控制开关可切换到雪地模式或动力模式。

正常模式是一种基本的控制模式，用于容易保持平衡的操作和平稳驾驶。雪地模式与正常模式相比，节气门维持在一个较小的开启角度，以防止车辆在较滑的路面上行驶时打滑，如下雪天的路面上。动力模式时节气门的开启角度比正常模式大得多，这种模式与正常模式相比能输出更大动力。

（2）转矩控制　转矩控制能使节气门开启角度小于或者大于加速踏板的踩压角度，来达到平稳的加速。如图1-143所示，当加速踏板保持在一定的踩压位置时，对于未配有转矩控制系统的车辆，节气门的开启度变化和加速踏板的踩压度接近同步，在较短的期间内，车辆得到的纵向力 G 会迅速升高而后逐渐下降。配有转矩控制系统的车辆，节气门逐渐开启，以便于车辆的纵向力 G 逐渐上升，从而得到平稳加速。

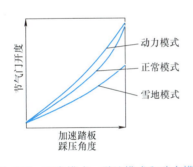

图1-142　正常模式、雪地模式和动力模式　　图1-143　转矩控制

（3）其他控制

1）怠速控制：怠速控制使发动机保持在目标怠速。

2）换档减振控制：换档减振控制是为了减少自动变速器变速换档时的振动，减小了节气门的开启角度，同时降低了发动机的转矩。

3）牵引力控制（TRC）：如果车轮出现过度打滑现象，来自防滑控制 ECU 的请求信号将会关闭节气门，以此来减小功率，提高车辆平稳性并获得驱动力。

4）车辆稳定性控制（VSC）：这种控制是利用防滑控制 ECU 的综合控制来控制节气门的开启角度，以达到最大效率地利用 VSC 系统控制的效果。

5）巡航控制：在常规的巡航控制中，巡航控制 ECU 通过巡航控制执行器和拉索来实施节气门的开启和关闭。使用 ETCS-i 可通过节气门控制电动机来直接控制节气门的开启角度，执行巡航控制运作。

（4）失效保护　如果发动机 ECU 检测到 ETCS-i 出现故障，它将使组合仪表中的故障指示灯发亮以警告驾驶人。

加速踏板位置传感器和节气门位置传感器都包含有主系统和辅助系统两个系统的传

感器电路，如图 1-144 所示。如果其中一个出现故障，发动机 ECU 能够检测到由于两个传感器电路之间的信号出现差别而产生的反常电压，发动机 ECU 就转换到失效保护模式。

加速踏板位置传感器出现故障时，在失效保护模式中使用剩余的一个电路来计算加速踏板的开启角度，并且车辆是在节气门开启角度大于正常值的有限条件下行驶。如果两个电路都出现故障，则发动机 ECU 将节气门置于息速状态。

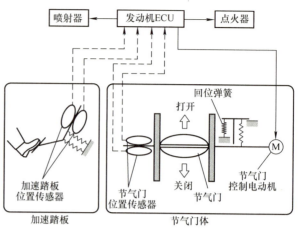

图 1-144　失效保护控制系统

节气门位置传感器出现故障时，在失效保护模式中，由回位弹簧开启到固定的节气门开启角度（7°），并且喷油量和喷射时间由加速踏板信号来控制。虽然发动机的输出功率受到很大限制，但是车辆仍能行驶。当发动机 ECU 检测到节气门控制电动机系统出现故障时，采用同样的控制方法。

5.3　认识提高进气系统性能的进气控制技术

现在的汽车为了提高发动机进气系统的充气效率，使发动机在各个转速下都有良好的动力性和经济性，采用了进气谐波增压、可变气门正时控制、废气涡轮增压等技术。

1. 进气谐波增压系统

进气谐波增压系统又称为可变进气通道系统。下面以丰田 3UZ – FE 发动机的进气谐波增压系统（ACIS）为例进行说明。丰田 3UZ – FE 发动机的进气谐波增压系统（ACIS）可改变进气歧管的有效长度，从而提高了从低速到高速的所有转速范围内的动力性。根据发动机的转速和节气门的开度，使用进气控制阀改变进气歧管的有效长度，如图 1-145 所示。

5.3.1　进气谐波增压系统

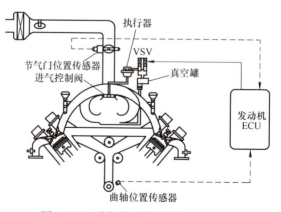

图 1-145　进气谐波增压系统（ACIS）

(1) 主要部件

1) 进气控制阀。进气控制阀在进气室中，关闭时可使进气歧管分成两段，达到改变有效长度的目的，如图 1-146 所示。

2) 真空开关阀（VSV）。依照发动机 ECU 的信号，VSV 控制真空的通断，从而操作进气控制阀打开或关闭，如图 1-147 所示。

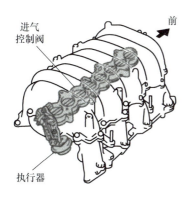

图 1-146　进气控制阀

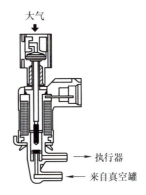

图 1-147　真空开关阀

3) 真空罐。真空罐储备真空，即使在低真空条件下也能完全关闭进气控制阀。

(2) 工作过程

1) 当进气控制阀关闭时（VSV 打开）。在发动机的低、中速范围内，发动机 ECU 打开 VSV，真空力作用于执行器的膜片室，进气控制阀关闭，从而延伸了进气歧管的有效长度，并改善进气效果，提高了低、中速时的动力性，如图 1-148 所示。

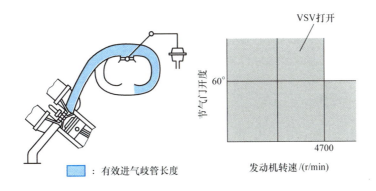

图 1-148　进气控制阀关闭时（VSV 打开）的工作图示

2) 当进气控制阀打开时（VSV 关闭）。在发动机高速运转时，发动机 ECU 关闭 VSV，大气压力作用于执行器的膜片室，进气控制阀打开，使得进气歧管的有效长度缩短，达到最大进气填充效率，以增加高速范围内的动力性，如图 1-149 所示。

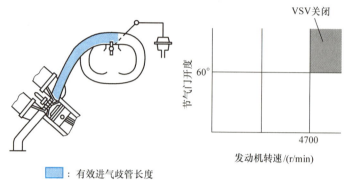

图 1-149 进气控制阀打开时（VSV 关闭）的工作图示

5.3.2 可变气门正时系统

2. 丰田可变气门正时系统

丰田可变进气门正时（VVT-i）系统利用油压来调整进气凸轮轴转角气门正时进行优化，从而提高功率输出、改善燃料消耗率和减少废气排放。

（1）系统组成　ECU 根据转速和负荷的要求控制进气凸轮轴正时控制阀，使进气凸轮轴相对于齿形带旋转一个角度，达到进气门延迟开闭的目的，用以增大高速时的进气迟后角，从而提高充气效率。VVT-i 系统的组成如图 1-150 所示。

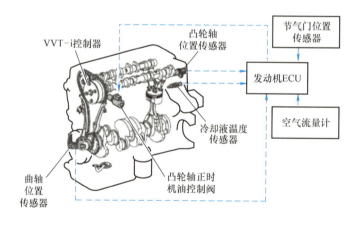

图 1-150　VVT-i 系统的组成

VVT-i 系统的主要部件为 VVT-i 控制器和凸轮轴正时机油控制阀。

1）VVT-i 控制器。VVT-i 控制器由一个正时链条驱动的齿轮和固定在进气凸轮轴上的叶片组成，如图 1-151 所示。来自进气凸轮轴提前或者延迟侧的通道转送的油压使 VVT-i 控制器的叶片沿圆周方向旋转，从而连续不断地改变进气气门正时。当发动机停止时，进气凸轮轴被移动到最大延迟状态以维持起动性能。在发动机起动后，当油压并未立即传到 VVT-i 控制器时，锁销锁定 VVT-i 控制器的动作，以防机械部分撞击产生噪声。

2）凸轮轴正时机油控制阀（OCV）。凸轮轴正时机油控制阀如图 1-152 所示，它根据发动机 ECU 的占空比控制，改变滑阀位置，控制流到 VVT-i 控制器提前侧或延迟侧的油压。发动机停止时，进气气门正时在最大延迟角度上。

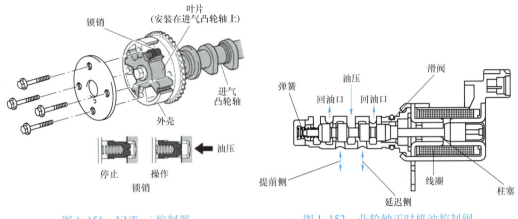

图 1-151　VVT-i 控制器　　　　图 1-152　凸轮轴正时机油控制阀

（2）工作原理　凸轮轴正时机油控制阀根据发动机 ECU 输出的电流量来选择流向 VVT-i 控制器的通道。VVT-i 控制器应用油压使进气凸轮轴旋转到提前、延迟或保持气门正时所在位置。发动机 ECU 根据发动机转速、进气量、节气门位置和冷却液温度计算出各种运行条件下的最佳气门正时，以便控制凸轮轴正时机油控制阀。此外，发动机 ECU 使用凸轮轴位置传感器和曲轴位置传感器传出的信号来计算实际气门正时，并进行反馈控制以达到目标气门正时。VVT-i 系统的工作原理如图 1-153 所示。

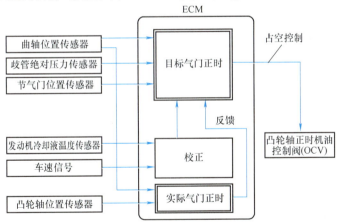

图 1-153　VVT-i 系统的工作原理图

（3）工作过程

1）进气正时提前。发动机 ECU 控制凸轮轴正时机油控制阀的位置，使油压作用于气门正时提前侧的叶片室，进气凸轮轴向气门正时的提前方向旋转，如图 1-154 所示。

2）进气正时延迟。发动机 ECU 控制凸轮轴正时机油控制阀的位置，使油压作用于气门正时延迟侧的叶片室，进气凸轮轴向气门正时的延迟方向旋转，如图 1-155 所示。

3）进气正时保持。发动机 ECU 根据具体的运作参数进行处理，并计算出目标气门

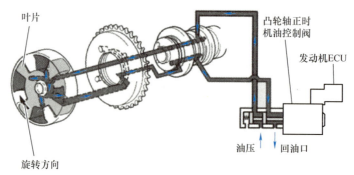

图 1-154　进气凸轮轴向气门正时的提前方向旋转

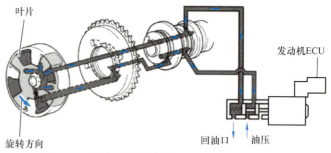

图 1-155　进气凸轮轴向气门正时的延迟方向旋转

正时角度。当达到目标气门正时以后，凸轮轴正时机油控制阀关闭油道来保持油压，保持现在的气门正时的状态，如图 1-156 所示。

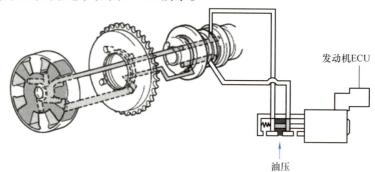

图 1-156　保持气门正时

3. 本田可变气门正时系统（VTEC）

本田汽车公司的可变气门配气相位和气门升程电子控制系统能同时控制气门开闭时间及升程等两种不同情况的气门控制系统。

（1）结构　以本田雅阁 F22B1 发动机进气凸轮轴为例（图 1-157）。除了原有控制两个气门的主凸轮、次凸轮和相应的主摇臂、次摇臂外，还增加了一个较高的中间凸轮和中间摇臂，在摇臂内部装有液压控制的活塞。

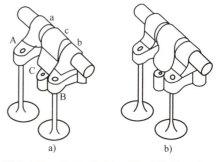

图 1-157　VTEC 发动机进气凸轮轴示意图

A—主摇臂　B—次摇臂　C—中间摇臂
a—主凸轮　b—次凸轮　c—中间凸轮

单元一　认识发动机电控系统

（2）工作过程　发动机达到设定的高转速（3500r/min）时，ECU即会使电磁阀工作，接通液压系统油路，推动摇臂内的小活塞，使3根摇臂A、B、C锁成一体，一起由中间凸轮C驱动。由于中间凸轮比其他凸轮都高、升程大，所以进气门开启时间延长，升程也增大了。

4. 大众汽车公司的可变气门正时系统

大众车系的可变气门正时系统大多采用正时链条控制。

（1）可变气门正时系统的组成　可变气门正时系统主要由调整电磁阀、可移动活塞、正时链条、凸轮轴调整器、进气凸轮轴、排气凸轮轴构成，如图1-158所示。

（2）工作过程　发动机电控单元根据发动机的转速判定可变气门正时系统是否工作。当电控单元判定系统工作时，可变气门正时系统电磁阀通电，从而改变正时调整器内的机油的流向，使可移动活塞上、下的机油压力发生变化，从而改变活塞的位置，活塞的上下移动导致链条调整器上下移动，从而推动链条上、下的长度发生变化。

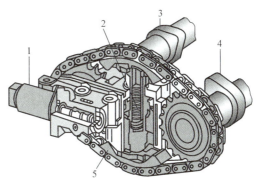

图1-158　可变气门正时系统的构成
1—凸轮轴调整电磁阀　2—可移动活塞
3—排气凸轮轴　4—进气凸轮轴　5—凸轮轴调整器

当发动机在高转速时，如图1-159a所示，凸轮轴调整器向上推动活塞，链条下部短、上部长。因为排气凸轮轴被同步带固定不能转动，链条带动进气凸轮轴顺时针旋转一定角度，从而使进气门打开时间提前，使发动机提前进气，提高了进气效率和发动机功率。

当发动机在中、低转速时，如图1-159b所示，凸轮轴调整器向下推动活塞，于是链条上部变短，下部变长。进气凸轮轴被逆时针旋转一定角度，进气门打开和关闭时间推迟，此时可获得大转矩输出。

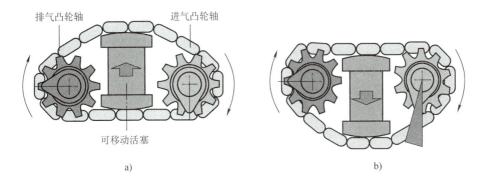

图1-159　可变气门正时系统工作位置
a）高转速时　b）中、低转速时

73

5. 废气涡轮增压系统

所谓增压是将进入气缸前的新鲜空气预先进行压缩，然后以高密度送入气缸，以提高充气量，从而提高功率和转矩。目前通常采用废气涡轮增压系统。

（1）废气涡轮增压器　废气涡轮增压器包括一个涡轮和一个压缩机轮，二者通过一根轴直接连接，如图 1-160 所示。在工作过程中，涡轮增压器的转速可达到约 150000r/min 的高速。

（2）废气涡轮增压系统的工作原理　废气涡轮增压是利用发动机排出的高压、高温废气，驱动涡轮增压器中的动力涡轮高速转动，再带动与动力涡轮同轴的增压涡轮一起转动，对从空气滤清器进入的新鲜空气进行压缩，然后送入气缸，如图 1-161 所示。

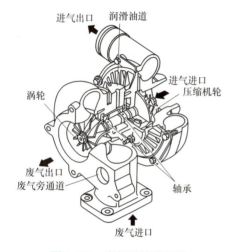

图 1-160　废气涡轮增压器

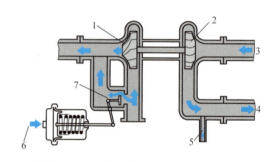

图 1-161　废气涡轮增压系统工作原理图

1—动力涡轮　2—增压涡轮　3—空气
4—压缩后的空气　5、6—接控制阀　7—旁通阀

（3）废气涡轮增压系统的工作过程　奥迪轿车燃油发动机上废气涡轮增压系统的工作示意图如图 1-162 所示。ECU 根据发动机转速传感器信号、冷却液温度传感器信号以及大气压力信号决定涡轮增压系统是否工作。当达到涡轮增压系统的工作要求时，ECU 使增压压力控制电磁阀通电，使进气管的真空进入膜片式控制

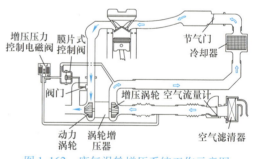

图 1-162　废气涡轮增压系统工作示意图

阀，膜片在吸力的作用下向左移动，控制阀门关闭，使废气旁通通道关闭，涡轮增压系统工作。

采用废气涡轮增压可提高进气压力、增大进气量，但由于进气温度高，燃烧最高温度比不增压时高出 30°~60°，引起 NO_x 排放增加。使用中间冷却器对增压后的进气降温可以提高进气密度，进一步提高发动机功率，同时能降低循环温度，有效抑制 NO_x 的排放。

单元一 认识发动机电控系统

5.4 认识排放控制系统

减少尾气排放中的有害物质是使用发动机电控系统的重要原因。除了在电控发动机中使用电控燃油喷射、电控点火控制以外,还采用了三元催化转化系统、汽油蒸发控制系统、曲轴箱强制通风系统和废气再循环控制系统等手段来减少排放污染。

1. 汽油发动机的排放

汽油是多种碳氢化合物的混合物,汽油经过燃烧后,主要排放气体有6种,包括氧气、水蒸气、二氧化碳、碳氢化合物、一氧化碳、氮氧化合物,其产生原因见表1-1。

其中,对环境造成污染的气体主要是碳氢化合物(HC)、一氧化碳(CO)和氮氧化合物(NO_x)。

表1-1 汽油发动机的排放气体及产生原因

排放气体名称	产 生 原 因
氧气(O_2)	氧气占空气构成的20%左右。浓混合气燃烧时,全部的氧都会被耗尽;而很稀的混合气燃烧,则会在排气中剩下较多的氧
水蒸气(H_2O)	发动机排气中的大部分是水蒸气,燃料中的氢与大气中的氧结合,释放出热能并产生水蒸气。发动机在低转速时,水会凝结在内部表面,从而造成锈蚀
二氧化碳(CO_2)	燃料中的碳燃烧后形成 CO_2。CO_2 本身无害,但大气中 CO_2 成分的增加会在地球大气层产生"温室效应",从而最终影响气候
碳氢化合物(HC)	汽油中的碳氢化合物在燃烧时,碳、氢原子分解,分别与氧化合为 CO_2 与水。如果汽油在气缸中没有完全燃烧,就会以 HC 分子的形式被送入排气系统
一氧化碳(CO)	过浓的空燃比是产生 CO 的唯一原因,在燃烧时若燃烧室中缺氧,某些碳原子只能与一个氧原子结合,产生 CO
氮氧化合物(NO_x)	空气主要是由约80%的氮和约20%的氧组成,正常条件下,氮、氧间无化学结合,但在燃烧时的高温下,会形成氮氧化合物。氮氧化合物从1120℃开始形成,温度越高形成越快

你知道吗?

汽车尾气的主要危害

一氧化碳:CO 是非常有害的气体,且无色无味。汽车尾气中的 CO 可经呼吸道进入人体肺泡,被血液吸收后与血红蛋白相结合形成碳氧血红蛋白,降低血液的载氧能力,削弱血液对人体组织的供氧量,导致组织缺氧,从而引起头痛等症状,重者会窒息死亡。

氮氧化合物:氮氧化合物主要是指 NO、NO_2,都是对人体有害的气体,特别是对呼吸系统有危害。在 NO_2 浓度为9.4mg/m^3 的空气中暴露 10min,即可造成呼吸系统失调。

碳氢化合物:汽车尾气中的碳氢化合物和氮氧化合物在阳光作用下发生化学反应,生成臭氧,它和大气中的其他成分结合就形成光化学烟雾。其对健康的危害主要表现为刺激眼睛,引起红眼病;刺激鼻、咽喉、气管和肺部,引起慢性呼吸系统疾病。

2. 空燃比和点火时间对排放的影响

排气中有害气体的生成与空燃比、点火时刻、发动机的结构等有关。通常，空燃比和点火时间对排放的影响最大。

（1）空燃比对排放的影响 图 1-163 所示为排气中有害气体的浓度与空燃比的关系。

1）空燃比对 CO 排放的影响。从图 1-163 中可看出，当低于理论空燃比 14.7 时，排出的 CO 浓度便急剧上升；而空燃比超过 16 时，排出的 CO 浓度则趋于稳定，并且数值很低。说明要减小 CO 的排放，就必须采用稀混合气。试验证明，发动机 CO 的排放量主要取决于空燃比。

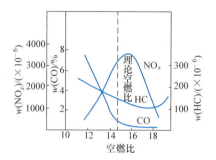

图 1-163 排气中有害气体的浓度与空燃比的关系

2）空燃比对 HC 排放的影响。空燃比小于 17 时，随着空燃比的增大，HC 的排放浓度便下降；但当空燃比继续增大时，由于混合气过于稀薄，易于发生火焰不完全传播，甚至断火，从而使 HC 排放浓度迅速增加。

3）空燃比对 NO_x 排放的影响。当混合气很浓时，由于燃烧高峰温度和可利用的氧的浓度都很低，使 NO_x 的生成量也较低。用空燃比为 15.5～16 的稍稀混合气时，排出的 NO_x 浓度最高。对于空燃比低于 16 的混合气，虽然氧的浓度增加可以促进 NO_x 的生成，但这种增加却被稀混合气中燃烧温度和形成速度的降低抵消。因此对于很浓或很稀的混合气，NO_x 的排放浓度均不高。

（2）点火时间对排放的影响 点火时间对发动机排放的影响如下。

1）点火推迟：混合气在燃烧室内的燃烧时间将缩短，由于后燃，将使排气温度上升，促进了 HC 和 CO 的氧化，排出的 HC 减少；但推迟点火会造成燃料经济性和发动机功率的下降。

2）提前点火：在任何转速和负荷下，加大点火提前角后燃烧温度提高，都会使 NO_x 的释放浓度增加。

3. 三元催化转化系统

（1）三元催化转化器 三元催化转化（TWC）系统使用三元催化转化器将发动机排气中的有害物质转换成无害物质。三元催化转化器装在排气管中，三元催化芯子是一个铝胆，外面附有铂和铑制作的催化剂，它不仅可使 CO 和 CH 变成 CO_2 和 H_2O，而且还能使 NO_x 和 CO 起化学反应，转变为 N_2 和 CO_2。图 1-164 所示为丰田轿车使用的三元催化转化器。

（2）三元催化转化与空燃比控制 空燃比与三元催化转化器转化效率的关系如图 1-165 所示。由图可见，三元催化转化器在理论空燃比附近区域的转换效率最高。

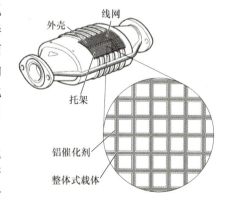

图 1-164 丰田轿车使用的三元催化转化器

为了将实际空燃比精确地控制在14.7附近，在发动机控制系统中普遍采用由氧传感器组成的空燃比反馈控制方式，即闭环控制方式。

（3）下游氧传感器　现在许多汽车上除了在三元催化转化器前部安装氧传感器（称为上游氧传感器或前氧传感器）外，在三元催化转化器后部也安装一个氧传感器（称为下游氧传感器或后氧传感器），用来检测三元催化转化器的工作效率。下游氧传感器的安装位置如图1-166所示。

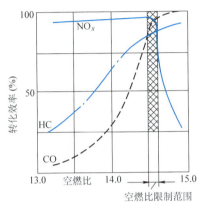

图1-165　空燃比与三元催化转化器转化效率的关系

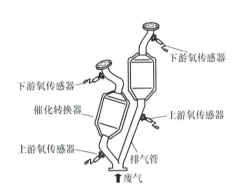

图1-166　下游氧传感器的安装位置

上游氧传感器检测燃烧室后的残余氧气，应产生上升和下降的电压信号，经过三元催化转化后，下游氧传感器应产生频率更低、波幅更小的信号。因此，下游氧传感器也称为催化剂监测传感器（CMS）。

4. 汽油蒸发控制系统

为了减少燃油系统排放到大气中的碳氢化合物，在发动机控制系统中普遍采用了活性炭罐汽油蒸发污染控制装置。下面以日产风度轿车汽油蒸发控制系统为例来说明。

（1）汽油蒸发控制系统的作用　汽油蒸发控制（EVAP）系统的作用是：阻止燃油箱内蒸发的汽油蒸气泄漏到大气中污染环境；将燃油箱的汽油蒸气适时地送入进气歧管，与空气混合后进入发动机燃烧。

汽油蒸发控制系统通常使用活性炭罐吸附汽油蒸气。活性炭罐简称为炭罐，里面填充了活性炭颗粒，用来吸附燃油蒸气。其外形如图1-167所示。

（2）日产风度轿车汽油蒸发控制系统的组成和工作原理　日产风度轿车汽油蒸发控制系统如图1-168所示。发动机未运转或未向燃油箱加油时，从密封的燃油箱中蒸发出的燃油蒸气被导入活性炭罐，随后被吸附在活性炭颗粒表面进行储存（称为吸附过程）；当发动机运

图1-167　活性炭罐的外形

转时，活性炭罐中吸附在活性炭表面的汽油分子重新蒸发，随新鲜空气一起被吸入发动机气缸进行燃烧（称为脱附过程），同时使活性炭罐内的活性炭恢复吸附汽油分子的

能力。

燃油箱盖上装有真空释放阀，当燃油箱内的燃油蒸气被吸出，燃油箱内压力下降时，外界空气通过该阀进入燃油箱。当燃油蒸气脱附吸入进气管时，新鲜空气通过炭罐通向大气的孔 B 补充进入炭罐，使炭罐内的燃油蒸气脱附更快。

（3）日产风度轿车汽油蒸发控制系统的工作过程　ECM 通过控制 EVAP 炭罐电磁阀中的蒸气旁通道开度来控制流量。炭罐电磁阀根据来自 ECM 的信号不断进行开启/关闭（ON/OFF）操作，通过阀门开度变化对发动机进行控制。

根据发动机各种工况，ECM 读取存储器中的标定信息，确定燃油蒸气流量。当发动机达到一定工作温度且节气门开启时，ECM 控制进入发动机进气管的燃油蒸气流量，使其随着空气流量的增加而增加；在怠速和减速工况时，汽油蒸发控制系统不工作。

5. 曲轴箱强制通风系统

曲轴箱强制通风（PCV）系统的作用是将窜入曲轴箱内的废气和机油蒸气的混合气（包含碳氢化合物及其他污染物）导入发动机燃烧室进行燃烧，防止其进入大气。

（1）曲轴箱强制通风系统的组成　曲轴箱强制通风系统的主要部件是一个 PCV 阀，通常安装在气门室罩盖或进气管上的橡胶密封环内，用软管连接到进气管；清洁空气从空气滤清器通过软管进入气门室内。曲轴箱强制通风系统的结构和工作原理如图 1-169 所示。

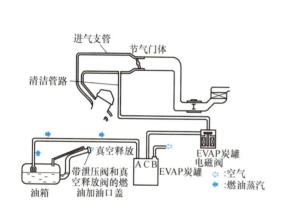

图 1-168　日产风度轿车汽油蒸发控制系统

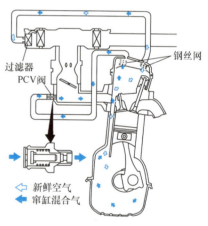

图 1-169　曲轴箱强制通风系统的结构和工作原理

当发动机工作时，进气管真空作用在 PCV 进气管上，吸引清洁空气进入气门室内，在曲轴箱中空气与从燃烧室泄漏的气体混合。空气与泄漏气体的混合气向上流到气门室及 PCV 阀，进气管真空把混合气经 PCV 阀吸入进气管，进入燃烧室烧掉。

（2）曲轴箱强制通风系统的工作过程

1）发动机不工作时 PCV 阀的位置。PCV 阀中有一个锥形阀，当发动机不工作时，弹簧将锥形阀压在阀座上，PCV 阀处于关闭状态（图 1-170）。

2）发动机怠速或减速运转时 PCV 阀的位置。怠速或减速时，进气管真空度大，克服弹簧压力，将锥形阀向上吸起。这时在锥形阀与 PCV 阀壳体之间存在小缝隙（图 1-171）。因为发动机是在怠速或减速工作，所以泄漏气体很少，PCV 阀的小缝隙足够使泄漏气体流出曲轴箱。

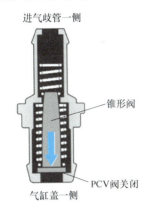

图 1-170　发动机不工作时
PCV 阀的位置

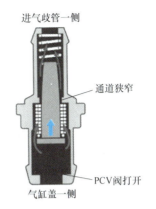

图 1-171　发动机怠速或减速
运转时 PCV 阀的位置

3）部分节气门开度时 PCV 阀的位置。在部分节气门开度下工作时的进气管真空度比怠速时小。这时，弹簧向下推压锥形阀，使锥形阀与 PCV 阀壳体间的缝隙增大（图 1-172）。因为在部分节气门开度下，发动机的负荷比怠速时大，泄漏气体比较多。

4）发动机在大负荷下工作时 PCV 阀的位置。当发动机在大负荷下工作时，节气门全开，进气管真空度减小，弹簧将锥形阀进一步向下推压（图 1-173）。从而使锥形阀与 PCV 阀壳体间的缝隙更大。

5）发动机回火时 PCV 阀的位置。如果进气管发生回火，锥形阀落在阀座上，防止回火引入发动机从而造成爆炸。

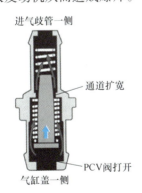

图 1-172　部分节气门开度
时 PCV 阀的位置

图 1-173　发动机在大负荷下工作
时 PCV 阀的位置

6. 废气再循环控制系统

（1）废气再循环　废气再循环控制（EGR）系统的作用是有效地降低废气排放中 NO_x 的生成。因为 NO_x 是在高温富氧条件下生成的，废气再循环控制系统将一部分废气引入进气管，降低燃烧室的最高燃烧温度，减少 NO_x 的生成，如图 1-174 所示。

但是如果吸入进气系统的废气过多，则会影响发动机的正常工作，特别是在怠速、低转速小负荷及发动机在冷态运行时，废气再循环将会明显降低发动机的性能。因此应根据发动机的工况及工作条件的变化由 ECU 控制 EGR 阀，从而控制废气再循环量。

（2）EGR 阀 在 EGR 系统中，通过一个通道将排气歧管与进气歧管连通，在该通道上装有 EGR 阀，如图 1-175 所示。由于高温废气要流经 EGR 阀，因此除阀本身要能承受高温外，通常还要使用进气管的真空间接对其进行控制。

（3）废气再循环控制系统的工作过程 废气再循环控制系统主要由 EGR 阀、废气再循环控制电磁阀（EGR 电磁阀）等组成，如图 1-176 所示。

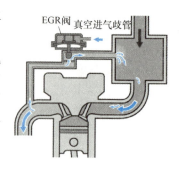

图 1-174 废气再循环

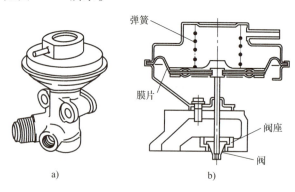

图 1-175 EGR 阀
a）外形 b）结构

当 EGR 阀打开时，它会使排气歧管和进气歧管相连。当需要 EGR 系统工作时，ECM 使 EGR 电磁阀工作，真空到达 EGR 阀顶部，EGR 阀上升，废气可以通过再循环回到进气歧管。当不需要 EGR 系统工作时，ECM 关闭 EGR 电磁阀，使通向 EGR 阀的真空管路连接到大气，EGR 阀关闭。

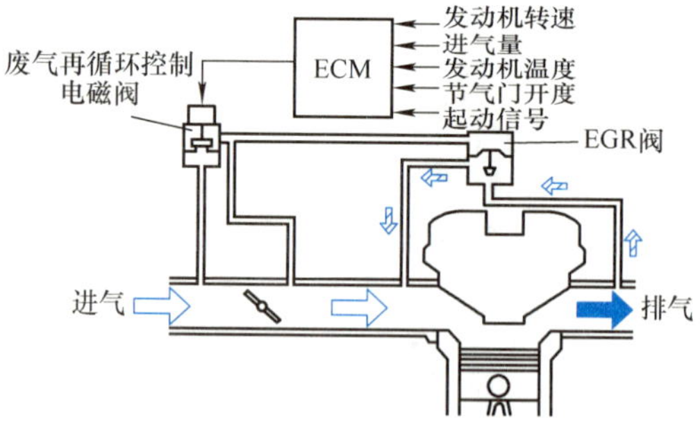

图 1-176 废气再循环控制系统

7. 二次空气喷射系统

二次空气喷射系统是向排气歧管喷入空气，以使未燃烧的可燃气体再次燃烧，来达到降低 HC 和 CO 排放的控制系统。二次空气喷射系统常见的有空气喷射（AI）控制系统和吸气（AS）控制系统。

（1）空气喷射控制系统 空气喷射（AI）控制系统由发动机 ECU 控制，只有在发动机冷机状态和车辆减速而使 HC 和 CO 废气排放增大时，该系统进行工作。当系统工作时，发动机 ECU 起动电动空气泵的同时 VSV 系统运作，进气歧管真空使空气喷射阀打开，压缩空气进入排气歧管。发动机 ECU 依据空气流量计传来的参数，计算进入 TWC 的喷射空气的总量。空气喷射（AI）控制系统如图 1-177 所示。

单元一 认识发动机电控系统

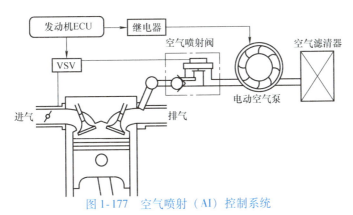

图 1-177 空气喷射（AI）控制系统

（2）吸气控制系统　吸气（AS）控制系统如图 1-178 所示，和空气喷射控制系统的区别是：空气喷射控制系统是使用电动空气泵强制把空气压入排气管，吸气（AS）控制系统是利用排气歧管中存在的真空吸力来吸入空气。

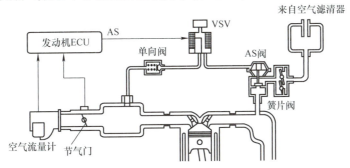

图 1-178 吸气（AS）控制系统

 完成学习工作页

学习工作页 5				
姓　　名		班　级		小　　组
日　　期		开始时间		结束时间

回答问题：
1. 以下是有关怠速控制系统的描述，请判断正误。
1）它控制旁通通道的吸入空气量，使发动机时刻处于最佳怠速状态。（　　）
2）发动机起动时，它使旁通通道的开口角度变小，提高发动机的起动性能。（　　）
3）冷起动发动机时，为了使发动机怠速稳定，使旁通通道的开口变大。（　　）
2. 以下是有关电子节气门控制系统的描述，请判断正误。
1）ETCS-i 是直接打开或关闭节气门的系统。（　　）
2）加速踏板位置传感器安装在加速踏板上。（　　）
3）节气门和节气门电动机安装在节气门体上。（　　）
4）当电流不流进节气门电动机时，节气门完全关闭。（　　）
3. 对于使用电子节气门系统的发动机电控系统，请判断正误。
1）如果探测到节气门位置传感器出现故障，发动机 ECU 就转换到应急模式，但车辆仍能运行。（　　）

81

(续)

2）ETCS-i 系统根据多个传感器的信号来控制节气门的开启角度以达到在任何时候都能大功率驱动。（ ）

3）在释放加速踏板的空转条件下，节气门完全关闭由 ISC 阀控制进气量。（ ）

4）如果探测到节气门电动机出现故障，发动机 ECU 就打开 MIL，并使发动机停止运转。（ ）

4. 下列语句和 VVT-i 系统相关，请判断正误。

1）VVT-i 系统使用油压来改变气门正时以及改善动力输出和燃料消耗率等。（ ）

2）VVT-i 控制器改变凸轮轴旋转的 3 种运作：提前、延迟和保持。（ ）

3）凸轮轴正时机油控制阀根据发动机 ECU 的信号，分配油压给 VVT-i 控制器。（ ）

4）VVT-i 系统通过发动机转速和冷却液温度来控制阀的正时。（ ）

5. 以下叙述与排放控制系统相关，请判断正误。

1）三元催化转化器还原 CO 和 HC 并氧化废气中的 NO_x，把它们净化为 CO_2、H_2O 和 N_2。（ ）

2）PCV 系统在 PCV 阀处将空气引入曲轴箱内，降低窜缸混合气的浓度。（ ）

3）PCV 系统将窜缸混合气导入进气歧管内，使窜缸混合气重新燃烧。（ ）

4）EGR 系统根据发动机状态将部分废气送入进气系统再循环，降低燃烧温度，防止产生 NO_x。（ ）

5）EGR 系统将排气管排放的部分废气送入排气歧管，使燃烧后废气的未燃尽部分再次燃烧。（ ）

6）EGR 系统将进气送入排气管，使废气的未燃尽部分再燃烧。（ ）

完成任务：

1. 在教师提供的车辆或电控发动机上，观察怠速控制方式，查阅怠速控制原理。在该发动机上是否使用了电子节气门？是否使用了一些提高进气性能的新技术？如果有，请查阅资料或者互相讨论，并记录下来。

车型：_____ 发动机型号：_____

怠速控制方式：_____

是否使用电子节气门：_____

使用的新技术名称：_____

描述该项技术的作用和工作过程：_____

_____

_____

2. 在教师提供的车辆或电控发动机上，通过查阅维修手册，找出各个排放控制系统的组成，各部件的安装位置，并说明它们的作用。

（1）三元催化转化系统　　　　是否安装：　是□　否□

主要部件有：_____

作用：_____

（2）汽油蒸发控制系统　　　　是否安装：　是□　否□

主要部件有：_____

作用：_____

（3）废气再循环控制系统　　　是否安装：　是□　否□

主要部件有：_____

作用：_____

单元一　认识发动机电控系统

（续）

　　（4）曲轴箱强制通风系统　　　　是否安装：　是□　否□
　　主要部件有：_____
　　作用：_____
　　（5）二次空气喷射系统　　　　　是否安装：　是□　否□
　　主要部件有：_____
　　作用：_____
　3. 查阅资料，了解我国现行的机动车排放法规对汽车尾气排放的要求。写出查阅的法规名称和编号。

指导教师评语

_____
_____
_____

教师签字：_____　　　　　日期：_____

任务6　认识控制系统的工作模式和自诊断

学习目标

　　发动机电控单元的功能是处理来自发动机传感器的数据，判断发动机的工作状况，再通过执行器对发动机进行准确的控制。在装备电控发动机的车辆上，找出电控发动机上使用的电控单元，对比以下的学习信息，有重点地进行学习。

　　本任务要求认识电控发动机的电控单元，完成任务后应能够回答以下问题：电控发动机控制系统的工作模式有哪些？自诊断系统有什么作用？怎样读取故障码？电控单元跛行模式的功能是什么？怎样实现？OBDⅡ诊断系统的特点是什么？

学习信息

6.1　认识电控发动机电控单元

　　发动机电控单元是发动机控制系统的核心。有些汽车的发动机电控单元安装在发动机舱内。由于有从路面飞溅上来的盐和水、弥漫的油烟、不断的振动和急剧的温度变化，当电控单元装入发动机舱时，需要在电路板上涂一层密封胶，以确保绝缘和固定。

　　许多汽车的发动机电控单元安装在客舱内，对发动机电控单元电路板的密封要求较低。例如丰田汽车的发动机电控单元通常安装在仪表板右侧下方离杂物箱很近的地方；

在本田汽车上，发动机电控单元通常安装在前排乘员侧的地板下面（图 1-179）。

系统故障的诊断和通信是发动机控制系统必不可少的一项功能；系统中的一个或几个零部件工作异常时，系统会及时地通过故障指示灯显示提醒车辆用户进行必要的检查和维修；在上述故障发生时，系统还可采用临时应急方案控制发动机工作，以保证用户将车辆驾驶到维修站维修而不至于抛锚路边。

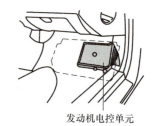

图 1-179　本田汽车发动机电控单元

6.2　认识发动机控制系统工作模式

发动机电控单元为不同的行驶工况编制了不同的工作模式，控制在不同发动机工况下喷入进气歧管的燃油量。

下面以美国通用汽车公司发动机控制系统的工作模式和博世发动机控制系统的工作模式为例来说明。

1. 美国通用汽车公司发动机控制系统的工作模式

（1）起动模式　当点火开关接通时，发动机电控单元接通燃油泵继电器，燃油泵为喷油器提供燃油压力。如果发动机电控单元在 2s 内没有接到通知其起动发动机的点火信号，就使燃油泵停止工作。

起动发动机时，因为进气歧管压力高、空气流速低、发动机温度低，燃油蒸发困难，需要喷油器提供浓混合气。随着系统进入起动模式，发动机电控单元检查冷却液温度和节气门位置，计算这次起动的空燃比应该是多少。

（2）消除溢流模式　如果发动机"淹缸"，火花塞电极被燃油打湿，无法产生电火花，此时可以采用"消除溢流"模式。在起动过程中踩下加速踏板到节气门开度为 80% 或更大，此时电控单元控制空燃比为 20（在某些发动机上完全切断燃油喷射）。

（3）运行模式　运行模式包括开环和闭环工作条件。当发动机起动且转速升高到 400r/min 以上时，系统进入开环模式。在开环模式，发动机电控单元忽略来自氧传感器的信息，根据其他传感器的输入信息（冷却液温度、空气流量、节气门位置、发动机转速等）来确定空燃比。当以下条件都满足时，发动机电控单元使系统进入闭环模式：

1）氧传感器输出变化的电压信号，表明其已正常工作。

2）冷却液温度高于规定的值。

3）发动机起动后已经过去了规定的时间。

在闭环模式，发动机电控单元使用氧传感器的输入信号修正空燃比，保持空燃比在 14.7 附近。在急加速、节气门全开或急减速过程中，系统暂时离开闭环模式。

（4）加速模式　节气门开度迅速变大，进气歧管空气流量增加，发动机电控单元控制加浓燃油混合气，补偿由于进气歧管压力升高造成的汽油蒸发率下降。

（5）减速模式　节气门开度变小，进气歧管空气流量减少，发动机电控单元控制燃油混合气变稀，甚至暂时完全切断燃油。

（6）蓄电池电压修正模式　蓄电池电压修正模式的功能是：当蓄电池（充电系统）电压下降到规定值后，发动机电控单元就进行以下操作：按照预定程序加浓燃油混合气；如果发动机处于怠速，就增大节气门开度；增大点火闭合角，补偿点火线圈一次电流，从而保证二次火花能量。

（7）燃油切断模式　当断开点火开关或到达发动机电控单元的转速信号停止时，发动机电控单元立即控制喷油器停止喷油。

2. 博世发动机控制系统的工作模式

（1）起动模式　在发动机起动时转速波动大，进气压力传感器和空气流量计都不能精确地确定进气量，发动机控制系统根据发动机转速和发动机温度确定燃油喷油量和点火正时。

在较低的起动转速下，喷油量保持稳定，不会随着进气量的波动而变化；在较高的起动转速下，因为充气效率降低，导致进气量稍稍减少，因此喷油量随之减少。

在冷起动过程中，电控单元还增加了一个加浓程序使喷油量增加，直到发动机冷却液温度达到一定的值。

（2）起动后模式　发动机在冷起动时，进气道表面、燃烧室内壁和顶部以及活塞顶部都是冰冷的。燃油可能会在这些表面上凝结，从而导致燃烧不良。在对这些区域进行预热时，电控单元起动加浓程序，这样就可以保持良好的怠速稳定性，提高节气门的响应度。

与其他工况相比，电控单元在冷机时控制点火正时的提前角相对更大一些，有利于尽快地提高燃烧室的温度。

（3）预热模式　发动机开始预热时，起动后模式就结束了，额外加浓将根据发动机冷却液温度和负荷两个因素来确定。

为了防止熄火，提高动力性并加快预热，发动机将继续以较高的怠速运转。为了尽快地将氧传感器和催化转化器加热到工作温度，某些系统设定在预热期间使点火正时延迟，这样可以让排气温度变得更高一些。

（4）加速模式　只要驾驶人将节气门快速地打开，电控单元就立即加浓混合气，其原因是空气进入燃烧室的加速度比燃油更快，且进气压力越高，燃油就越难雾化。

加速加浓的程度受发动机的冷却液温度影响。

（5）节气门全开模式　在节气门全开（WOT）模式中，电控单元控制固定浓度的加浓混合气。为了防止因空气流量传感器的波动而导致喷油量计算错误，喷油量是根据发动机转速计算出来的。在节气门全开时，混合气控制的目标是：使发动机在不产生爆燃和机械损坏的前提下产生最大的转矩。在节气门全开时，排放质量不是最重要的控制目标，此时安全因素（例如驾驶人可能正在超车）比瞬间的排放质量更为重要。

（6）减速模式　车辆在减速时，电控单元将减少喷油量（甚至为零），同时延迟点火正时。延迟正时可以获得更好的发动机制动,如果进气管壁上还有部分燃油残留,延迟正时还可以减少碳氢化合物的排放。

如果发动机转速降低到一个规定值,或者驾驶人打开了节气门,电控单元就会将燃油喷射和点火提前恢复到正常水平。为了获得较好的动力性和平稳的过渡,这个过程是在发动机转过预先设定好的转数过程中逐渐实现的。

(7) 闭环模式 博世公司的 Motronic 系统与其他发动机控制系统一样,当发动机的冷却液温度和氧传感器温度达到正常工作温度时,系统进入闭环工作模式。

6.3 认识车载诊断系统

在发动机控制系统中,电控单元(ECU)具有车载诊断系统(OBD),该系统可监控传感器及执行器的工作情况。如果诊断到某个故障,则该故障将以故障码(DTC)的形式记录下来,并使组合仪表板上相应的故障指示灯(MIL)发亮,从而通知驾驶人,如图 1-180 所示。

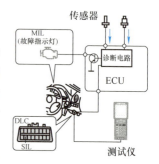

图 1-180 车载诊断系统

检修时,技术人员通过特定的程序(如使用检测仪)将存储在发动机 ECU 存储器中的故障信息(如故障码)调出,根据故障码确定故障的性质和内容,对有关的元器件和电路进行诊断与维修并排除故障,最后清除故障码。

1. 故障诊断原理

发动机 ECU 能通过传感器输出的电压信号,来检测发动机工况或车辆的行驶状况,同时发动机 ECU 连续监测输入的信号,并与储存在发动机 ECU 存储器中的参数进行比较,来确定是否有不正常的情况。

在正常情况下,冷却液温度传感器的电压变动范围为 0.1~4.8V。如果发动机 ECU 的输入电压处于这一范围,则发动机 ECU 认为工况正常;如果短路(输入电压小于 0.1V)或断路(输入电压高于 4.8V),则发动机 ECU 认为工况异常,如图 1-181 所示。

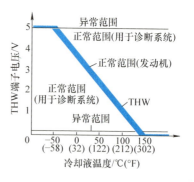

图 1-181 冷却液温度传感器信号异常判断

即使输入电压处于 0.1~4.8V 的正常诊断范围内,也会依据发动机的工况诊断出是否存在故障。发动机 ECU 监测的条件(如行车的条件、发动机冷却液的温度变化等)不同则所产生的故障码也不同。详细内容请参阅具体车型的修理手册。

2. 发动机故障指示灯

发动机电控系统在仪表板上设置一个发动机故障指示灯(MIL),又称为发动机检查灯,如图 1-182 所示。

不同车辆的发动机故障指示灯标志不同,如图 1-183 所示。

在发动机尚未起动,驾驶人将点火开关打开(ON)时,发动机电控单元(ECU)进行自检,发动机故障指示灯应亮数秒,如图 1-184 所示。如果灯不亮,一般说明故障指示灯电路有故障,如灯丝烧断、熔丝烧断或导线断路。发动机起动后正常工作情况下，发动机故障指示灯应自动熄灭。

图 1-182 仪表板上的发动机故障指示灯

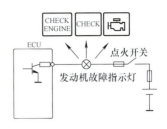

图 1-183 发动机故障指示灯

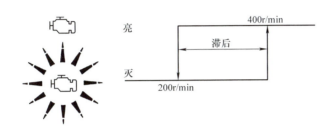

图 1-184 发动机故障指示灯发亮情况

OBD 规范要求车辆的车载电控单元在检测到排放控制系统/零部件故障、动力传动控制系统/零部件（影响车辆排放）故障时，需使仪表板上的故障指示灯发亮，并在 ECM 存储器记录相应的故障码。如果在 3 个连续循环中故障未重复出现，则 MIL 会自动熄灭，但 DTC 仍记录在 ECM 存储器中。

大多数故障码采用双程检测逻辑电路检测，以确保检测结果准确可靠。当第一次检测到逻辑故障时，故障会暂时存储在 ECM 存储器（第一次扫描行程）。在点火开关置于 OFF 位置再置于 ON 位置后，如果同样故障第二次被检测出，则使 MIL 发亮（第二次扫描行程）。

3. 读取诊断故障码

电控单元自诊断系统检测到控制系统的故障后，将故障信息以代码的形式存入存储器内，该代码称为故障码（DTC）。只要保持蓄电池供电，这些故障码将保持在存储器内，以便维修时按照特定的方式、方法从 ECU 内读取，作为检修发动机控制系统的依据。读取故障码的方法很多，但从大的方面可概括为两大类，一是使用专用的检测仪读取故障码，二是利用车上的自诊断系统人工读取故障码。

（1）用专用检测仪读取故障码　目前，越来越多的汽车不能通过人工的方法读出故障码，必须借助专用检测仪才能读取故障码。专用检测诊断仪的功能除了读取故障码外，通常还有清除故障码、数据通信、元件测试等功能。图 1-185 所示为 MT2500 SCANNER 检测仪。检测仪配有多种附件和程序卡，能与多种车型的通信插座连接。图 1-186

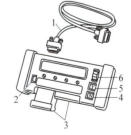

图 1-185 MT2500 SCANNER 检测仪

1—数据电缆　2—快速识别按键
3—汽车测试卡　4—"N"键
5—"Y"键　6—滚轮

所示为丰田 IT-2 手持式检测仪。

系统控制单元有专用于与检测仪相接的诊断接口，接口的位置通常在仪表板下裙板左端，如图 1-187 所示。

按维修手册提供的程序连接检测仪，如图 1-188 所示。在检测仪上选取相应的选项，读取故障码，如图 1-189 所示（丰田车系 IT-2 手持式检测仪）。

图 1-186　丰田 IT-2 手持式检测仪

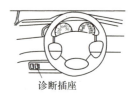

图 1-187　常见的诊断接口位置

（2）人工读取故障码　因不同车型的自诊断系统不同，其故障码的读取方法也不一样。自诊断系统一般都有一个专用故障诊断接口，也称为数据通信插座，常用 DLC 表示。

显示故障码的方法通常有：利用汽车仪表板上的发动机故障指示灯的闪烁规律读取故障码；利用 ECU 壳体上的指示灯闪亮规律读取故障码；利用组合仪表上的液晶显示器，以数字形式显示故障码。

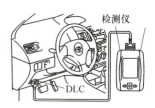

图 1-188　检测仪连接到车辆的诊断接口

丰田威驰 8A 发动机电控系统可以利用仪表板上的发动机故障指示灯读取故障码，步骤如下：

1）将点火开关转至 ON 位置。

2）用维修专用工具连接数据通信插座（DLC3）的端子 13（TC）和端子 4（CG），如图 1-190 所示。

图 1-189　使用检测仪读取故障码

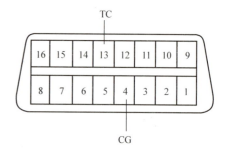

图 1-190　连接 DLC3 的端子 13 和端子 4

3）从发动机故障指示灯（CHK ENG）读取故障码，如图 1-191 所示。

图 1-192 所示为 12 号和 31 号故障码指示灯的闪烁方式。如果同时存在两个或两个以上的故障码，则由数字较小的开始，再显示数字顺序较大的故障码。

4）查阅故障码表，对故障进行详细检查。

5）检查完毕后，脱开端子 13（TC）和端子 4（CG）的连接，断开显示。

维修人员读出故障码后，可根据故障码表查出故障的含义、类别以及故障范围等，

单元一　认识发动机电控系统

然后即可以此为依据进行具体的故障判定。

4. 故障码的清除

发动机 ECU 利用常供电源来储存故障码，所以当关闭发动机后，并不会清除故障码。清除故障码有使用检测仪和不使用检测仪两种方法。

（1）使用检测仪清除 DTC　使用检测仪直接与发动机 ECU 通信来清除故障码，如图 1-193 所示（丰田 IT-2 手持式检测仪）。

（2）不使用检测仪清除 DTC　断开蓄电池负极电缆 1min 以上或拆下 EFI 熔丝 1min 以上，即可清除 DTC。

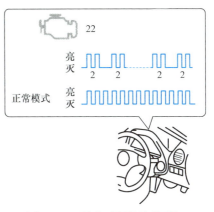

图 1-191　从发动机故障指示灯（CHK ENG）读取故障码

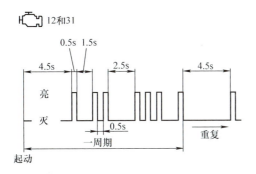

图 1-192　12 号和 31 号故障码指示灯的闪烁方式

图 1-193　使用检测仪清除故障码

注　意

由于切断发动机 ECU 的常供电源，会同时清除发动机 ECU 内存中的自学习数据，所以这种方法须慎重使用。

6.4　失效保护和备用功能

1. 失效保护功能

发动机电控单元的自诊断电路能够监控多个重要传感器的输入信号。如果某个传感器发送的信号超出了规定的范围或完全没有信号，自诊断系统将认为该传感器失效，并将发动机管理系统切换到失效保护模式（又称跛行模式）。失效保护模式将以储存在发动机 ECU 中的标准值，来连续控制带有异常信号的电路，从而防止引起发动机故障或催化转化器过热，导致发动机停止运转。

很明显，发动机电控单元预估数值不能取代曲轴转速与位置传感器的信号，如果该传感器失效，发动机将会停止运转。在跛行模式中，发动机不能发出全部的动力，也不能在最佳工作效率下工作,但是仍可以运转。

(1) 丰田汽车发动机电控系统的失效保护功能　丰田汽车电控系统出现故障时,失效保护功能的作用有以下内容:

1) 冷却液温度传感器信号电路、进气温度传感器信号电路故障。当冷却液温度传感器或进气温度传感器信号电路发生开路或短路故障时,将自动采用标准值(即按发动机冷却液温度 80℃,进气温度 20℃)控制发动机工作,防止混合气过浓或过稀。

2) 点火确认信号故障。如果点火系统中产生故障造成不能点火,ECU 检测不到由点火控制器返回的点火认定信号,将立即停止燃油喷射,以防止大量燃油进入气缸而不进行燃烧。

3) 节气门位置传感器(线性型)信号电路故障。当线性型节气门位置传感器产生断路或短路故障时,ECU 将检测到节气门处于全开或完全关闭状态信号,此时将采用标准值(按节气门开度为 0°或 25°值)控制发动机工作。

4) 爆燃传感器信号或爆燃控制系统故障。当爆燃传感器信号电路开路或短路,或 ECU 内爆燃控制系统出现故障时,将点火提前角固定在一个适当值。

5) 曲轴位置传感器信号电路故障。由于此信号用于识别气缸和确定曲轴基准角,当出现开路或短路时,将造成发动机不能起动或失速。

6) 空气流量计信号电路故障。如果空气流量计信号电路中出现开路或短路故障,将由起动信号和怠速触点接触情况来控制喷油量和点火正时,保证发动机能够运转,但其性能下降。

7) 进气歧管压力传感器信号电路故障。当进气歧管压力传感器信号电路出现开路或短路故障时,其将进入备用状态或采用标准值保证发动机运转。

(2) 戴姆勒－克莱斯勒汽车电控发动机的跛行模式　在戴姆勒－克莱斯勒汽车电控发动机管理系统中,能够触发跛行模式的传感器如下:

1) 进气歧管绝对压力(MAP)传感器—电控单元可以通过节气门位置传感器和发动机转速传感器的输入信号产生一个模拟值。

2) 节气门位置传感器(TPS)—电控单元利用进气歧管绝对压力传感器信号产生替代值。

3) 发动机冷却液温度(ECT)传感器—电控单元利用进气温度传感器信号作为替代值。

4) 进气温度(IAT)传感器—电控单元在跛行模式下不采用进气温度信号。

2. 备用功能

当发动机 ECU 中的微机发生故障时,备用集成电路的固定信号允许车辆继续行驶。备用功能仅能控制基本的行车功能,因此它不能提供和发动机正常运行时相同的性能。

如果微机不能输出点火正时(IGT)信号,发动机 ECU 就转换到备用模式。一旦执行了备用模式,燃油喷射持续时间和点火正时就根据起动器信号(STA)和 IDL 信号分别以固定值进行控制。这种情况下故障指示灯发亮,以通知驾驶人有故障发生(发动机 ECU 并不储存故障码）。响应 STA 信号和 IDL 信号的燃油喷射持续时间和点火正时的固定值见表 1-2。

表 1-2　备用模式中燃油喷射持续时间和点火正时的固定值

STA	IDL	燃油喷射持续时间/ms	点火正时
开	—	20.0	BTDC71/4CA
关	开	3.5	
	关	6.0	

注：表中数据随车型不同而发生变化。

6.5　认识 OBD Ⅱ 诊断系统

自 1996 年以来，美、日、欧主要汽车制造厂家生产的电控汽车逐步采用第二代随车诊断系统，即 OBD Ⅱ 诊断系统。到 2003 年，OBD Ⅱ 标准进一步增强，向修理行业提供了制造商的附加维修信息，售后服务人员能够更有效地进行维修。

1. OBD Ⅱ 诊断系统的功能

OBD Ⅱ 标准要求发动机电控系统检测故障、设置故障码、使故障指示灯亮或灭，或者按照规定的工作条件擦除每个监测电路的故障码。

OBD Ⅱ 的目标是监测主要排放控制系统的效果，在排放控制效果恶化使排放水平达到容许排放水平的 1.5 倍时，OBD Ⅱ 使故障指示灯亮，并存储故障码。

（1）催化转化器效率监测　每个 OBD Ⅱ 测试催化转化器的效率。该测试是通过比较催化转化器下游氧传感器的读数和催化转化器上游氧传感器信号进行的。

（2）气缸失火监测　气缸失火时，未燃烧的燃油和空气从气缸排入排气系统，在催化转化器内燃烧造成催化转化器损坏，停止排放转化功能，阻塞排气系统，影响排放和动力性。

失火监测是对发动机转速信号的变化进行监测。在两个做功行程之间，曲轴转速实际上在下降，只有到下一缸的做功行程才加速复原，通过使用高数据率的曲轴位置传感器，可以检测某个气缸失火。

（3）对氧传感器信号的监测　氧传感器监测程序独立测试上游和下游氧传感器。监测程序检查氧传感器信号的频率，看其是否产生与喷油器循环频率对应的信号，氧传感器必须产生连续变化的电压信号。

（4）对电控系统部件的监测　OBD Ⅱ 对发动机电控系统部件进行检测程序检查，能使故障指示灯亮的部件有：发动机冷却液温度传感器、蒸发排放控制电磁阀、怠速控制阀、点火控制系统、曲轴转速与位置传感器、凸轮轴位置传感器、进气温度传感器、爆燃传感器、进气歧管绝对压力传感器、空气质量流量传感器、节气门位置传感器等。

（5）对排放控制系统的监测　对蒸发排放控制系统、废气再循环系统的工作状况进行监测。

2. OBD Ⅱ 诊断系统的标准化

除了监测功能外，OBD Ⅱ 的诊断系统实行要标准化，并且要求制造商维修手册中的特定故障码和部件描述标准化。这些标准和标准描述及故障码都由汽车工程师学会

（SAE）制定。

（1）标准 OBD Ⅱ 诊断接口　OBD Ⅱ 诊断系统按照 SAE 标准提供统一的 16 脚诊断座（图 1-194），一般安装于驾驶室仪表板下方。OBD Ⅱ 诊断接口中各端子的含义见表 1-3。

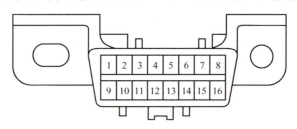

图 1-194　OBD Ⅱ 标准 16 脚诊断接口

表 1-3　OBD Ⅱ 诊断接口中各端子的含义

端子代号	含　义	端子代号	含　义
1	供制造厂使用	9	供制造厂使用
2	SAE – J1850 数据传输	10	SAE – J1850 数据传输
3	供制造厂使用	11	供制造厂使用
4	车身搭铁	12	供制造厂使用
5	信号搭铁	13	供制造厂使用
6	供制造厂使用	14	供制造厂使用
7	ISO—9141 数据传输 K	15	ISO—9141 数据传输 L
8	供制造厂使用	16	接蓄电池正极

（2）标准 OBD Ⅱ 故障码　OBD Ⅱ 故障码由 5 位字母和数字组成，如图 1-195 所示。

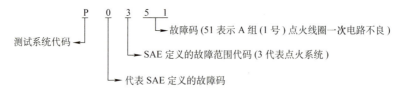

图 1-195　OBD Ⅱ 故障码的组成和含义

1）第一位为英文字母，是测试系统代码，如：P—发动机和变速器组成的动力传动系统（POWER TRAIN）；B—车身电控系统（BODY）；C—汽车底盘电控系统（CHASSIS）；U 未定义，待 SAE 另行发布。

2）第 2 位为数字，表示由谁定义的 DTC，目前有 0 和 1。"0"—SAE 定义的故障码；"1"—汽车制造厂自定义的故障码。

3）第 3 位为数字。表示 SAE 定义的故障范围代码，见表 1-4。

单元一　认识发动机电控系统

表 1-4　SAE 定义的故障范围代码

代　号	故障含义	代　号	故障含义
1	燃油和空气系统测定不良	5	汽车或怠速控制系统不良
2	燃油和空气系统测定不良	6	ECU 或输出控制元件不良
3	点火系统不良或发动机间歇失火	7	变速器控制系统不良
4	废气控制辅助装置不良	8	变速器控制系统不良

4）第 4、5 位为数字，代表设定的故障码。

（3）标准 OBD Ⅱ 通用术语　常用标准 OBD Ⅱ 通用术语见表 1-5。

表 1-5　常用标准 OBD Ⅱ 通用术语

缩写	术　　语	缩写	术　　语
PCM	动力控制单元	PSP	动力转向压力开关
DLC	数据通信插座	MIL	故障指示灯
EIS	电子点火系统	BARO	大气压力
ECT	发动机冷却液温度传感器	CMP	凸轮轴位置传感器
IC	点火控制	CKP	曲轴位置传感器
ICM	点火控制单元	DI	直接点火
IAT	进气温度传感器	HO_2S	加热型氧传感器
KS	爆燃传感器		

 完成学习工作页

学习工作页 6						
姓　　名		班　　级		小　　组	
日　　期		开始时间		结束时间	

回答问题：

1. 判断正误

1）通用汽车公司的消除溢流模式也有这样的可能：如果节气门位置信号出现故障，一直停留在全开信号，就会难以起动。（　　）

2）当发动机电控系统出现故障时，不能运行在闭环模式。（　　）

3）电控发动机在热车、加速、减速等工况下，运行开环模式。（　　）

4）闭环模式下，可以有更好的排放和经济性。（　　）

5）通用汽车的进气歧管绝对压力传感器损坏时，其信号可以使用节气门位置传感器和发动机转速传感器的输入信号来代替。（　　）

6）通用汽车节气门位置传感器出现故障时，电控单元使用发动机的冷却液温度信号作为参考值。（　　）

7）丰田汽车如果没有点火确认信号，将立即停止燃油喷射。（　　）

8）丰田汽车的节气门位置传感器（线性型）信号电路故障时，将采用标准值控制发动机工作。（　　）

9）如果曲轴位置传感器信号电路故障，发动机可以正常起动，此时将使用节气门位置传感器的输入信号来代替。（　　）

（续）

10）丰田汽车的进气歧管压力传感器信号故障时，将进入备用状态或采用标准值保证发动机运转。（ ）

11）如果发动机 ECU 检测到由传感器传来的异常电压信号，则 DTC 会被储存到发动机 ECU。（ ）

12）发动机 ECU 的检测条件因 DTC 而异，如行车的条件要求。（ ）

13）清除 DTC 时，必须使用检测仪或切断常供电源，如拆下 EFI 熔丝。（ ）

2. 根据图 1-196 中故障指示灯的闪烁方式，选择相应的 DTC。

图 1-196 故障指示灯的闪烁方式

A. 13   B. 22   C. 31   D. 44

3. 谈谈气缸失火对电控发动机系统的影响，以及怎样监测某个气缸出现了失火现象。

_____

_____

4. 写出在标准 OBD Ⅱ 通用术语中以下缩写代表的含义：

PCM 表示_____   DLC 表示_____

ECT 表示_____   ICM 表示_____

CMP 表示_____   CKP 表示_____

_____

完成任务

1. 在教师提供的车辆或电控发动机上，观察电控单元的安装位置，并记录电控单元的制造商和版本信息。

车型：_____发动机型号：_____

电控单元的安装位置：_____

电控单元的制造商和版本信息：_____

2. 在教师提供的车辆或电控发动机上，观察故障指示灯的工作状况。如果在发动机工作时该指示灯常亮，表示发动机电控系统出现了故障。

该车辆能否使用人工读码的方法？如果可以，写出读码的方法步骤；如果不能，采用哪种检测仪器可以读取故障码？记录故障码的代号，并查阅该故障码的信息。

能否使用人工读码：   能□   否□

人工读码的步骤：_____

_____

使用的检测检测仪器的型号：_____

读出故障码（DTC）：_____ 故障范围：_____

读出故障码（DTC）：_____ 故障范围：_____

读出故障码（DTC）：_____ 故障范围：_____

单元一 认识发动机电控系统

指导教师评语

教师签字：_____ 日期：_____

任务7　认识柴油发动机电控系统

学习目标

除了汽油发动机外，现在越来越多的柴油发动机采用了电控系统。柴油发动机电控系统和汽油发动机电控系统有着类似的地方，也有很多的不同之处。在装备电控柴油发动机的车辆（或电控柴油发动机总成、电控柴油发动机试验台架）上，认识柴油发动机的电控系统。对比以下的学习信息，有重点地进行学习。

本任务要求认识柴油发动机的电控系统，完成任务后应能够回答以下问题：柴油发动机和汽油发动机的主要区别是什么？柴油发动机的排放包括哪些？柴油发动机电控系统有哪些特点？电控共轨燃油系统有什么特点，其组成和工作过程是什么？

学习信息

7.1　认识电控柴油发动机基础知识

1. 柴油发动机和汽油发动机的区别

本书前面讲述的都是汽油发动机，下面说明汽油机和柴油机的区别。

1）柴油机没有线圈点火系统。柴油机中柴油燃烧完全是由于柴油喷入燃烧室时，喷嘴处的空气温度很高导致的。汽油机为火花点火（Spark Ignition，SI），而柴油机的点火方式则为压缩点火（Compression Ignition，CI）。

2）柴油机没有节气门。柴油机的每一个循环都往气缸内吸入尽可能多的空气，而与负荷大小或加速踏板的位置无关。功率输出完全决定于喷入每一气缸的燃油量。因此，柴油机中混合气燃烧时用不完全部氧气，仅燃烧掉燃油需要的那一部分，其余则排掉。混合气控制对汽油机来说是绝对重要的，而柴油机则无此必要。

3）对于柴油机，燃油直接喷入燃烧室，燃油一喷入就开始燃烧。当空气流经进气歧管、空滤器时没有燃油进入，进入进气气门的只有空气。

4）柴油机的压缩比远高于汽油机，典型柴油机的压缩比为17∶1～24∶1（典型汽油机的压缩比为8∶1或9∶1）。压缩比大，则每缸进入的空气多，每一动力冲程允许做的功越多，因此柴油机效率较高。

5）因为柴油机使用的是利用压缩进气产生的热量使温度达到点火温度，很多柴油机起动时需要辅助热源。最常见的辅助热源是安装到燃烧室内的电热塞。通常根据冷却液温度传感器的温度来决定电热塞通电的时间。

6) 与同功率的汽油机相比，起动柴油机需用较大容量的蓄电池。其原因是加热塞需用较多的电流；压缩比较高，需用较大功率的起动机。

2. 柴油机的排放

因为柴油机燃烧室中氧气的量比较充足，所以 HC 和 CO 在排放中的质量分数较低，柴油机排放的比较大的危害是排气烟度和氮氧化合物。

1) 当柴油机冒蓝烟时，与汽油机的原因相同：有过多的润滑油绕过活塞环或气门进入燃烧室燃烧。

2) 当柴油机冒黑烟时，燃烧室中氧的量不足，其主要的原因是进气空滤器堵塞（此时功率下降）或喷嘴漏油。

3) 当柴油机冒白烟时，其排放中含有大量的未燃烧燃油，其原因是发动机太冷、电热塞损坏或节温器关不上导致的燃烧室温度不够。发动机冒白烟时能污染润滑油，降低其黏度，使发动机部件很快磨损。

3. 柴油发动机电控系统概述

柴油机电子控制技术与汽油机电子控制技术有许多相似之处，整个系统都是由传感器、控制单元及控制器和执行器三大部分组成。

柴油机采用高压喷油泵（包括提前器）和喷油器，将适量的燃油在适当的时刻以适当的空间状态喷入柴油机的燃烧室，以造成最佳的燃油与空气混合和燃烧的最有利条件，实现柴油机在功率、转矩、转速、燃油消耗率、怠速、噪声、排放等多方面的要求。柴油机的燃油喷射具有高压、高频、脉动等特点，其喷射压力高达 60~150MPa，并且柴油喷射对喷射定时的精度要求很高。

注 意

因为柴油机燃油喷射的压力很高，会对人体造成伤害，所以在维修时必须按照维修手册的步骤进行必要的压力释放。

柴油发动机电控系统的主要功能是改进排放和燃油经济性，控制的主要对象是喷油量和喷油定时。目前柴油发动机常用的电控系统有柴油共轨系统、电控分配泵系统和泵喷嘴系统。

7.2 认识柴油共轨燃油喷射系统

20 世纪 90 年代研制出的新型燃油喷射系统——共轨燃油喷射系统，通过各种传感器检测出发动机的实际运行状态，通过电控单元的计算和处理，可以对喷油量、喷油时间、喷油压力进行最佳控制。下面以博世公司共轨燃油喷射系统为例来说明。

1. 基本组成

共轨燃油喷射系统又称为蓄压喷射系统，产生压力和燃油喷射分别进行，所以压力控制不受转速的影响。高压泵在额定转速时产生 1350×10^5Pa 的连续压力，压力燃油存储在高压蓄能器（又称共轨）内并通过高压管路供给喷射阀，喷射时刻和喷射量由发动机控制单元通过喷射阀上的电磁阀进行控制。

博世公司共轨燃油喷射系统的主要部件及安装位置如图1-197所示。共轨燃油喷射系统的组成如图1-198所示。

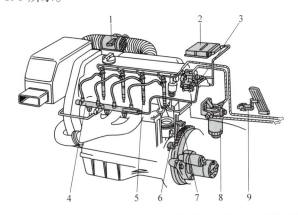

图1-197 博世公司共轨燃油喷射系统的主要部件及安装位置

1—空气流量计 2—电控单元 3—高压泵 4—高压蓄能器（共轨） 5—喷射器
6—曲轴转速传感器 7—冷却液温度传感器 8—燃油滤清器 9—加速踏板传感器

7.2.1 共轨燃油喷射系统组成

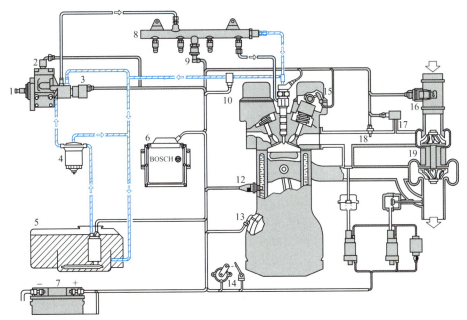

图1-198 共轨燃油喷射系统的组成

1—高压泵 2—燃油切断阀 3—内压控制阀 4—燃油滤清器 5—燃油箱 6—ECU 7—蓄电池
8—高压蓄能器（共轨） 9—共轨压力传感器 10—燃油温度传感器 11—喷射阀
12—冷却液温度传感器 13—曲轴转速传感器 14—加速踏板位置传感器 15—凸轮轴转速传感器
16—空气流量计 17—增压传感器 18—进气温度传感器 19—涡轮增压器

2. 燃料供给系统

燃料供给系统的组成如图1-199所示，主要部件在发动机上的布置如图1-200所示。燃料供给系统可分为低压部分和高压部分。

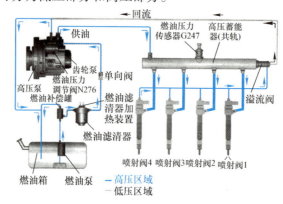

图 1-199　燃料供给系统的组成

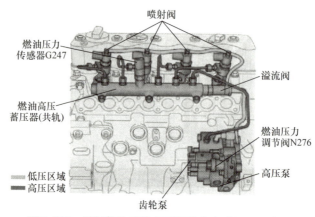

图 1-200　燃料供给系统主要部件在发动机上的布置

低压部分为高压部分提供燃油。燃油箱内的燃油泵通过燃油补偿罐、燃油滤清器和集成在高压泵内的齿轮泵将燃油输送给高压泵。燃油补偿罐可使齿轮泵前的燃油压力在各种运行状态下都基本保持不变，从而消除压力波动并使过量的燃油流入燃油回流管路。齿轮泵提高燃油泵提供的燃油压力。

在高压部分产生高压并进行燃油计量。发动机通过齿形带驱动高压泵提高燃油压力（可达145MPa），燃油压力调节阀用来调节燃油压力的大小。高压燃油进入高压蓄压器（共轨）并通过高压油管进入喷射阀。

（1）燃油泵　集成在燃油箱内的燃油泵（图1-201）通过滤清器从储油罐吸取燃油，并输送给齿轮泵。

（2）燃油滤清器　燃油滤清器过滤燃油中的水和杂质，如图1-202所示。在燃油滤清器上有一个对供给管路加热装置内燃油进行加热的电动加热装置，防止车外温度较低时石蜡成分析出。

（3）高压泵　高压泵有3个以120°角布置的泵活塞，通过偏心轴凸轮驱动活塞上下运动，如图1-203所示。

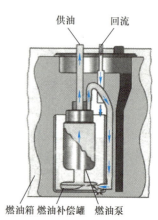

图 1-201　燃油泵

活塞向下移动时，燃油通过输入阀进入压缩室内；活塞向上移动时，升高的燃油压力将输入阀关闭，当燃油压力超过设定压力时打开输出阀，燃油通过高压管路进入高压蓄压器。

（4）燃油压力调节阀　燃油压力调节阀调节高压泵输出的燃油压力，如图1-204所示。

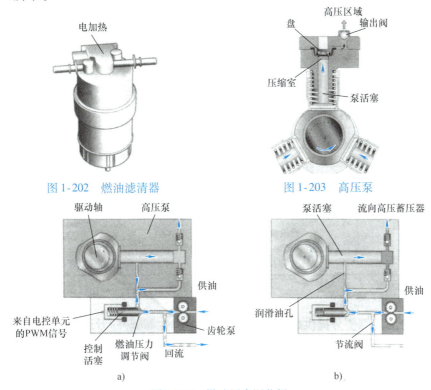

图1-202　燃油滤清器　　　图1-203　高压泵

图1-204　燃油压力调节阀
a）燃油压力低　b）燃油压力高

当需要较低的燃油压力时，电控单元发出短脉冲宽度信号，调节活塞缩小通往高压泵的燃油供给管道的截面积。由于燃油量较少，因此产生较低的燃油压力，如图1-204a所示。

当需要较高的燃油压力时，电控单元发出长脉冲宽度信号，调节活塞就会打开较大的横截面。因此大量燃油可进入高压泵，从而产生较高燃油压力，如图1-204b所示。

（5）高压蓄能器（共轨）　高压蓄能器又称为共轨，其通过高压管路与喷射阀相连，如图1-205所示。高压蓄能器存储高压燃油，由于其存储容积较大，因此可

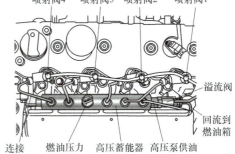

图1-205　高压蓄能器（共轨）

减小压力波动，保持压力恒定。在高压蓄能器上装有喷射阀的连接管路、燃油压力传感器（共轨传感器）和一个溢流阀。当超过 $1450 \times 10^5 Pa$ 的最大系统压力时，溢流阀打开，多余的燃油通过集流管流回燃油箱。

（6）喷射阀（即喷油器） 喷射阀由带有喷嘴针的6孔喷嘴、液压控制系统和电磁阀组成，如图1-206所示。燃油从高压接口处通过供给通道到达喷射腔，并经过进油节流阀进入阀控腔，施加于阀控活塞正面的共轨高压和喷嘴弹簧力使喷嘴针保持在其阀座上。

3. 共轨柴油发动机的发动机管理系统

共轨柴油发动机的发动机管理系统组成如图1-207所示。

（1）传感器 共轨柴油发动机的传感器用来采集发动机运行的数据，从而判断驾驶人的意图和发动机的工作状态。

1）发动机转速传感器：检测发动机转速和曲轴的准确位置，用于计算喷射时刻和喷射量。

2）霍尔传感器：检测起动发动机时的气缸行程信号，用于控制喷射阀。

3）空气流量计：检测进气的质量，用于计算喷射量。

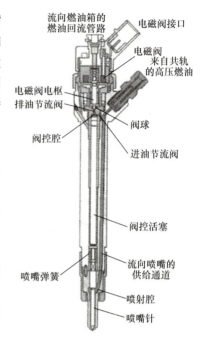

图1-206 喷射阀

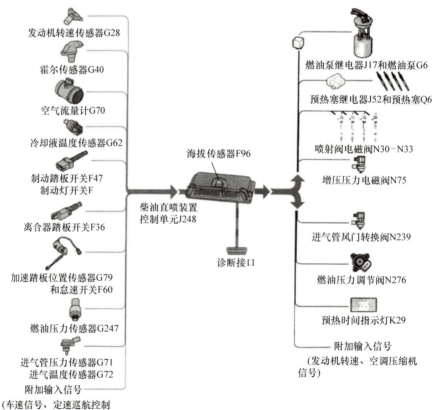

图1-207 共轨柴油发动机的发动机管理系统组成

4) 冷却液温度传感器：检测发动机冷却液温度，作为计算喷射量的校正值使用。

5) 进气温度传感器：检测进气温度，用作计算增压压力的校正值。

6) 加速踏板位置传感器：识别出加速踏板的位置及强制降档开关信号。

7) 电控单元内的海拔传感器：根据此信号进行增压空气调节的海拔校正。

8) 进气管压力传感器：用于检查增压发动机的进气管压力信号，用于调节增压压力。

9) 离合器踏板开关：测定离合器接合或分离状态。在踩下离合器时就会短时减少喷射量，以避免在换档过程中发动机转速瞬时提高。

10) 制动灯开关和制动踏板开关：识别是否踩下了制动踏板，这两个信号用于相互检查。为安全起见，当踏板位置传感器损坏时，踩下制动踏板时将发动机转速调低。

11) 燃油压力传感器（共轨传感器）：燃油压力作用在传感器元件上，当压力增加时，传感器元件的形状发生变化，电阻随之改变，传感器电路测定电阻变化并将相应电压信号传输给发动机电控单元，如图1-208所示。燃油压力信号用于调节高压循环回路的燃油压力。

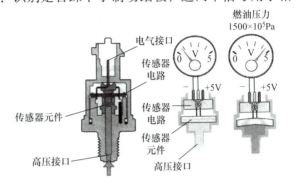

图1-208　燃油压力传感器（共轨传感器）

（2）执行机构

1) 燃油压力调压阀。电控单元根据传感器的信息计算出所需喷射压力并通过脉冲宽度调制信号控制调压阀，如图1-209所示。

2) 喷射阀。

① 喷射阀打开：电磁阀通电时，电磁铁克服弹簧力打开带有阀球的电枢，排油节流阀打开，阀控腔的燃油

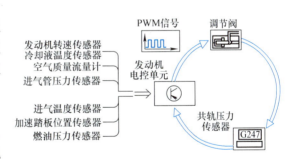

图1-209　燃油压力调节原理

通过排油节流阀进入回流管路，阀控腔内的压力下降，作用在阀控活塞上的压力低于喷射腔内作用于喷嘴针的压力，阀控活塞向上移动使喷嘴针打开喷射孔，喷射开始，如图1-210a所示。

② 喷射阀关闭：电磁阀不通电，带有阀球的电枢通过弹簧力关闭排油节流阀，在阀控腔和喷射腔内重新建立起燃油压力，作用在控制活塞上的压力和弹簧力使喷嘴针关闭喷射孔，喷射结束，如图1-210b所示。

喷射量由电磁阀的控制时间、喷嘴针打开和关闭速度、喷嘴针行程、喷嘴的液压流量、共轨压力等因素决定。

（3）混合气形成和燃烧控制　较小的点火延迟对柴油发动机的燃烧过程非常重要，为了实现较小的点火延迟，喷射系统以不同压力喷射燃油。

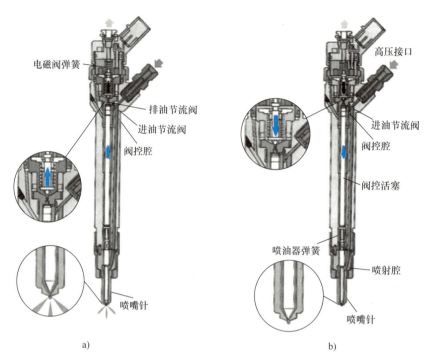

图 1-210 喷射阀工作过程
a) 喷射阀打开（喷射开始）　b) 喷射阀关闭（喷射结束）

1) 预喷射。预喷射是在主喷射开始前以低压喷射少量燃油，此时电控单元使电磁阀短时间通电（以节拍方式控制），喷嘴针不完全打开，如图 1-211 所示。预喷射使燃烧室内的压力和温度升高，可缩短主喷射的点火延迟，降低燃烧噪声、废气排放和耗油量。预喷射与主喷射之间的短暂间隔使燃烧室内的压力平缓上升。

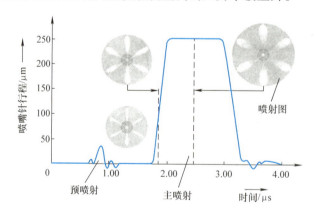

图 1-211 预喷射和主喷射

2) 主喷射。主喷射必须确保形成良好的混合气，以使燃油尽可能完全燃烧。高压燃油喷射将燃油雾化并充分地与空气混合，使混合气完全燃烧，减少有害物质的排放并提高输出功率。在喷射结束时必须迅速降低喷射压力并使喷嘴针关闭，从而避免燃油在低压低雾化情况下进入燃烧室。

单元一　认识发动机电控系统

 完成学习工作页

学习工作页7					
姓　名		班　级		小　组	
日　期		开始时间		结束时间	

判断正误：

1）汽油发动机采用火花塞点火，柴油发动机采用压燃点火方式。（　　）
2）柴油机没有节气门，所以能够充入气缸足够的空气。（　　）
3）柴油机因为压缩比、燃烧温度较高，容易产生氮氧化合物。（　　）
4）柴油机冒蓝烟的原因是燃烧不完全。（　　）
5）柴油机的燃油喷射的喷射压力高达60～200MPa。（　　）
6）柴油机电控系统控制的主要功能是喷油量的喷油定时。（　　）
7）柴油发动机电控系统和汽油发动机电控系统一样具有故障诊断功能，并能够精确控制燃油喷射的时间。（　　）
8）柴油机电控系统可以改善发动机的冷起动性和排气烟度。（　　）

完成任务：

在教师提供的车辆或电控柴油发动机上，通过查阅维修手册等资料，判断其燃油喷射系统属于哪一种电控燃油喷射系统，并说明它是如何工作的。

车型：_____
柴油喷射系统类型：_____
柴油喷射系统的部件：_____
_____

柴油喷射系统的工作过程：_____
_____
_____
_____

指导教师评语

_____
_____
_____

教师签字：_____　　　日期：_____

单元学习鉴定与反馈

单元一 小组鉴定计划

课程名称：电控发动机维修	单元名称：单元一 认识发动机电控系统
鉴定教师姓名：_____	

鉴定目的：通过鉴定，确认学习者具有正确认识电控发动机各系统的能力。
鉴定背景：授课教师：_____；已经授课的时间：_____学时；授课的地点：_____
学生：专业：_____年级：_____班级：_____
鉴定时间：_____；鉴定地点：_____
鉴定方法：口头或书面回答问题、现场指认、展示操作技能
鉴定工具：口头或书面问题清单、观察和练习清单
合理的调整：根据实际需要进行调整
需要的资源：实训场地，具备电控发动机系统的车辆，各种工具和检测仪器
组织要求：有鉴定资格的教师进行鉴定，学生应遵守学生管理条例
具体安排：考虑鉴定中的职场健康与安全、平等参与、公平公正，保留鉴定的各项证据和反馈信息
需要收集的证据：口头或书面问题清单、观察和练习清单、出勤签到表、反馈信息
对学生的说明：1）认真阅读鉴定任务；2）操作中应遵守职场健康与安全的规定；3）应在教师规定的时间内独立完成鉴定任务；4）完成所有的鉴定工具并均获得合格，才能通过本单元的鉴定；5）鉴定结束后，请确认结果并填写反馈信息；6）如果鉴定为不合格，学生应有一次重新鉴定的机会

与相关人员的交流		
姓名	职务	对鉴定安排的意见
_____	_____教研室主任_____	_____
_____	_____汽车系主任_____	_____

单元一 认识发动机电控系统

学习前对学生说明的鉴定信息

学生姓名：	学号：	小组：	班级：
课程名称：电控发动机维修		单元名称：单元一 认识发动机电控系统	
鉴定策略	● 下面提供了单元一的鉴定工具 ● 在完成了两个鉴定工具后，鉴定师根据本单元要求对学生能力的满意程度做出及时评价 ● 若对该鉴定策略有任何意见，请尽快在鉴定之前与教师讨论		
鉴定工具1	回答12个问题		
鉴定工具2	指认电控汽油发动机各个系统组成及类型，能读取发动机的故障码；指认柴油发动机的电控类型		
如果得到对学生提供的详细鉴定信息，并同意以上鉴定策略，请签字：_____			

单元一 学生鉴定成绩单

鉴定工具1：回答问题		日期	鉴定教师
第1次鉴定	合格 □ 不合格 □		
第2次鉴定	合格 □ 不合格 □		
鉴定工具2：技能鉴定		日期	鉴定教师
第1次鉴定	合格 □ 不合格 □		
第2次鉴定	合格 □ 不合格 □		
对终结性鉴定成绩的反馈——最后的结果		合格 □ 不合格 □	
需要说明：			
完成日期：	学生签名：	鉴定教师签名：	

鉴定工具1：口头或书面问题清单

课程名称：电控发动机维修		单元名称：单元一　认识发动机电控系统	
学生姓名：_____		鉴定教师姓名：_____	
鉴定时间：_____		鉴定地点：_____	
鉴定步骤：回答所有问题，问题的答案应符合汽车维修行业的要求			
正确回答以下问题（请选择：口头 □　书面 □）：	对	错	备注
1）在维护与维修电控发动机系统时，应注意哪些健康与安全的问题	□	□	
2）简述发动机电控系统是怎样工作的	□	□	
3）简述发动机电控系统中的测量转速信号传感器有哪些类型	□	□	
4）列举发动机电控系统中的开关信号有哪些	□	□	
5）简述燃油供给系统的主要部件	□	□	
6）说明燃油量控制的方式	□	□	
7）简述电控点火系统的组成和点火方式	□	□	
8）简述怠速控制的工作原理	□	□	
9）简述发动机可变正时系统的工作原理	□	□	
10）说明如果汽车排放超过标准，可能的原因有哪些	□	□	
11）简述发动机电控系统的工作模式和跛行模式	□	□	
12）简述柴油发动机电控系统的特点	□	□	
学生表现：　　　　　　　　　　　　　　　　合格 □　　不合格 □			
给学生的反馈：			
如果不合格，需要重新鉴定的说明：			
签字说明学生的表现，完成任务的能力和理论的理解			
鉴定教师签字：　　　　　　　　　　　　　　　　　　　　日期：			
签字说明同意上述记录属实，反映所完成的任务			
学生签字：　　　　　　　　　　　　　　　　　　　　　　日期：			

单元一 认识发动机电控系统

鉴定工具2：练习和观察清单

课程名称：电控发动机维修	单元名称：单元一 认识发动机电控系统

学生姓名：_____ 鉴定教师姓名：_____

鉴定时间：_____ 鉴定地点：_____

任务说明
确认学生具有正确认识电控发动机各系统的能力。
任务1　指认电控汽油发动机的传感器系统
任务2　指认电控汽油发动机的燃油喷射系统类型和部件
任务3　指认电控汽油发动机的点火系统类型和部件
任务4　指认电控汽油发动机的辅助控制系统类型和部件
任务5　使用自诊断系统读取故障码
任务6　指认柴油发动机电控系统类型

鉴定步骤：需要展示所有技能，并能被鉴定教师观察到

学生是否具备下列技能	是	否	备注
1）实做是否遵守了安全操作程序	☐	☐	
2）是否识别了危害，并采用安全程序	☐	☐	
3）是否有采用正确的程序和信息，包括维修手册和说明	☐	☐	
4）是否选用了正确的设备和方法	☐	☐	
5）能否正确完成以上任务1~6	☐	☐	

学生表现：
　　　　　　　　　　　　　　　　　　　　合格☐　　不合格☐

给学生的反馈：

如果不合格，需要重新鉴定的说明：

签字说明学生的表现，完成任务的能力和理论的理解

鉴定教师签字：　　　　　　　　　　　　　　　　　　日期：

签字说明同意上述记录属实，反映所完成的任务

学生签字：　　　　　　　　　　　　　　　　　　　　日期：

单元一　信息反馈单

课程名称：电控发动机维修	单元名称：单元一　认识发动机电控系统

说明：请依次回答所有问题，1 表示好（很满意），依次降低直到 5，5 表示不好（不满意）。

A 部分 —— 回顾单元

1. 本单元与你的工作或未来的工作相关程度：
   高　1　2　3　4　5　低
2. 本次培训结束，你的技能水平是：
   高　1　2　3　4　5　低

B 部分 —— 回顾授课

3. 学习资源的适宜程度（可能涉及教科书、培训资源/笔记、视频、多媒体教学）：
   高　1　2　3　4　5　低
   意见：

4. 设施和设备的适宜程度（可能涉及职场、资源、房间、图书馆、多媒体）：
   高　1　2　3　4　5　低
   意见：

C 部分 —— 回顾鉴定

5. 鉴定时，要求完成实做任务并回答问题。你是否认为鉴定能公平地评价你的技能和知识：
   高　1　2　3　4　5　低
   意见：

6. 在合理的时间内，你是否得到了鉴定反馈：
   高　1　2　3　4　5　低
   意见：

单元二
维护和检查发动机电控系统

学习情境

通过单元一的学习，你认识了发动机电控系统的部件和作用，并对维护新车型的电控发动机系统充满了信心和期待。

此时车间主管安排了一项任务，希望你能对客户车辆的电控发动机各系统做一个全面的维护和检查。你准备好了吗？

单元学习目标

通过本单元的学习，应掌握维护电控发动机各系统的能力。其具体包括：维护前的准备工作；维护电控单元和其他部件；维护电控发动机的进气系统；维护电控发动机的燃油喷射系统；维护电控发动机的点火系统；维护电控发动机的排放控制系统；准备好车辆，交给客户。

对接1+X标准

汽车运用与维修职业技能等级标准中的汽车动力与驱动系统综合分析技术职业技能，包括：维修注意事项（中级1.1，高级1.1）；安全注意事项（中级1.2，高级1.2）；燃油供油系统检测维修（中级2.5）；进气系统检测维修（中级2.6）；排气系统检测维修（中级2.7）；点火系统检测维修（中级2.10）；曲轴箱强制通风系统检测维修（中级2.11）；废气再循环系统检测维修（中级2.12）；催化转换器检测维修（中级2.14）；蒸发排放控制系统检测维修（中级2.15）。

学习资源

各汽车生产公司的网页；电控发动机的生产、使用说明书；有关职场健康与安全的法律、法规；有关危险化学物质和危险商品的相关信息；汽车维修设备的使用说明书和

安全操作规定；各种汽车电控发动机和电控燃油喷射系统的维护手册；提供各类维修知识和维修资料的网站。

学习场所和设备

车间或模拟车间；个人防护用品、用具；汽车维修设备和工具；安全的工作环境和工作场所；电控发动机总成；装备有电控发动机的车辆。

任务1　电控发动机维护前的准备工作

学习目标

尽管已经认识了发动机电控系统的部件和作用，也知道它们是如何工作的，但是进入车间进行电控发动机的维护工作和简单的观察学习有着非常大的区别。

由于各种电控发动机的结构设计不同，必须选择适合的维修手册、工作场所和设备，这是维修的一个重要的基础工作。通过本次任务可了解作好维护准备工作程序的基本信息。

本书以丰田3SZ-FE发动机电控系统为例，来讲解如何进行发动机电控系统的检查和维护，以及如何进行电控发动机故障诊断。

在进行维护之前，必须能够做好以下准备工作：掌握车间的安全知识和基本操作；认识常用的电控发动机诊断设备；查找车辆信息，认识丰田3SZ-FE发动机控制系统；认识电控发动机维护的注意事项；完成维护后交车前的事项。

学习信息

1.1　车间的安全知识

汽车维修车间的每一个人必须遵循车间安全规则，以避免车间内发生危险，避免人身伤害、汽车损坏等。

1. 汽车维修车间的主要危险

1）汽油和油漆等易燃液体必须适当处理和储存。
2）易燃材料（如浸油的抹布）必须适当存放，以免发生火灾。
3）蓄电池含有硫酸溶液，充电时会产生能够爆炸的氢气。
4）松动的排水沟（井）盖可能引起脚或脚趾损伤。
5）腐蚀性液体（如清洗液等）对皮肤和眼睛有伤害。
6）车间压缩空气系统的高压空气如果穿透皮肤进入血管是非常危险的。
7）电器设备或电灯导线破损可导致触电事故。
8）危险废料（如蓄电池以及具有腐蚀性的清洗液）必须正确处理，以免造成人身伤害。

9）汽车排出的一氧化碳是有毒的。

10）宽松的衣服和长发可能缠绕在设备或汽车的旋转部件上，导致严重的人身伤害。

11）某些修理作业产生的粉尘和蒸气是有害的，如维修制动盘、制动鼓以及离合器摩擦衬片时产生的石棉粉尘会导致肺癌。

12）某些设备（如气动扳手）发出的高分贝噪声可能伤害听力。

13）洒在车间地面上的润滑油、润滑剂、水或零件清洗液可能导致人滑倒，造成事故。

2. 人身保护措施

1）在车间内一定要戴安全护目镜或戴面罩。车间常用的保护人身安全的安全装备如图2-1所示。

2）在高噪声环境下工作时，应戴耳塞或耳罩。

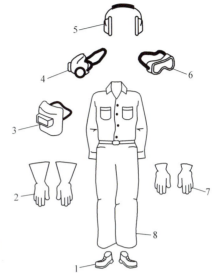

图2-1 安全装备

1—安全鞋 2—电焊手套 3—电焊面罩
4—呼吸器 5—听力保护器 6—安全护目镜
7—手套 8—工作服

3）一定要穿适合保护脚的靴子或鞋子。在汽车维修车间工作时，适合穿厚底靴子或足尖处有钢板盖的鞋子，能够防止重物下落、火花飞溅以及腐蚀液体对脚的伤害。

4）在进行汽车维修作业时，不要戴手表、首饰和戒指，避免将电路搭铁、短接引起火灾。

5）不要穿宽松的衣服，长发要束在脑袋后面，宽松的衣服和长发容易缠绕到旋转的部件上。

6）在粉尘环境下工作时应戴呼吸器。

3. 汽车维修车间安全

1）保持车间地面清洁，有任何东西污染了地面应立即进行清洁。

2）油漆或其他易燃液体应储存在密闭的储存器内。

3）沾上了油的抹布必须放在安全、有盖的废物箱内，避免产生自燃，引起火灾。

4）保持车间整洁，不要将重物（如用过的零件等）留在工作台上。

1.2 基本操作规范

在汽车维修车间里进行工作时，遵守基本的操作规范是非常重要的。

1. 着装（图2-2）

1）务必穿着干净的工作服。

2）必须戴好帽子，穿好安全鞋。

2. 车辆保护（图2-3）

开始维修前，准备好散热器格栅罩、翼子板保护罩、座椅护面及地板垫。

3. 安全操作

1) 两个或两个以上人员一起工作时，一定要相互检查安全情况。

2) 在发动机运转的情况下进行工作时，应确保工作间通风，以排出废气。

3) 维修高温、高压、旋转、移动或振动的零件时，一定要佩戴适当的安全设备，并且注意不要碰伤自己或他人。

图 2-2　车间内的着装

图 2-3　对车辆的保护

4. 安全顶起和支撑车辆

1) 顶起和支撑车辆时要小心，一定要在正确的位置顶起和支撑车辆，一定要使用安全底座支撑规定部位。车辆支撑和顶起位置如图 2-4 所示。

2) 举升车辆时，应使用适当的安全设备。

5. 准备工具和测量仪表

开始操作前，准备好工具台、专用工具、仪表、润滑油和更换的零件。

6. 拆卸和安装、拆解和组装操作

1) 充分了解正确的维修步骤和报修故障后，对故障进行诊断。

2) 拆下零件前，检查总成的总体状况以确认是否变形或损坏。

3) 对于复杂的总成，要做记录。例如，记录拆下的电气连接、螺栓或软管的总数，并做上装配标记，以确保重装时各零部件装到原位置上。必要时，可对软管及其接头做临时标记。

4) 如有必要，则清洗拆下的零件，并且在全面检查后进行组装。

7. 拆下的零件

1) 将拆下的零件整齐摆放在工具车内，以免与新零件混淆或弄脏新零件，如图 2-5 所示。

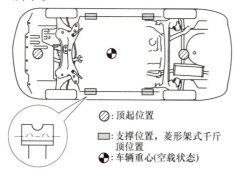

图 2-4　车辆支撑和顶起位置

图 2-5　拆下的零件整齐摆放在工具车内

单元二 维护和检查发动机电控系统

2）对于不可重复使用的零件，如衬垫、O形圈、自锁螺母，要按照维修手册中的说明用新件进行替换。

3）若客户要求，则保留拆下的零件以备客户检查。

1.3 常用电控发动机诊断设备

1. 听诊器

听诊器用来确定发动机或其他设备噪声的声源，如图2-6所示。听诊器的拾音器放到要检测的设备上，听诊器的接收器戴在耳朵上。

2. 真空压力表

真空压力表（图2-7）可用来检查进气支管的真空度。真空压力表通常包括真空软管和各种接头等。

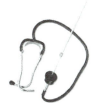

图2-6　听诊器

图2-7　真空压力表

3. 燃油压力表

燃油压力表用来检测燃油喷射系统的燃油压力。燃油压力表通常包括连接燃油压力表和燃油系统的接头和软管，如图2-8所示。

4. 喷油器清洗检测设备

通常清洗喷油器的仪器为超声波清洗仪。

使用喷油器检测仪器可以模拟发动机的工作状况，对各种形式的喷油嘴进行检测，可以直观地看到喷油器的工作情况，如图2-9所示。

图2-8　燃油压力表

图2-9　喷油器清洗检测仪器

5. 试灯

试灯通常用于检测电路的断路、短路和搭铁，可分为无源试灯和有源试灯，如

图 2-10 所示。

(1) 无源试灯　通常情况下，将无源试灯搭铁夹子连接到汽车的搭铁部位，探针连接到电路中以测试该处是否存在电压。如果探针接触的电路处有电压，试灯就会亮。

(2) 有源试灯　有源试灯与 12V 试灯类似，但有源试灯有内部电池。检测电路时，应先将电路的正极与电源断开，然后将有源试灯的探针连接到电路的正极端，有源试灯的另一端搭铁，试灯应亮。如果试灯不亮，说明电路断路。

6. 万用表

万用表可以在不同的量程检测直流电压、交流电压、电阻、电流的值。汽车用万用表如图 2-11 所示。汽车万用表可用来检测二极管的导通性、频率、温度、发动机转速、点火闭合角等。

图 2-10　无源试灯和有源试灯　　　　图 2-11　汽车用万用表
a) 无源试灯　b) 有源试灯

注　意

● 检测某些部件和系统（如氧传感器电路）的电压时，必须使用高阻抗的数字万用表。

7. 点火正时灯

现在大多数电控发动机的点火正时可用检测仪进行检查。如果汽车使用了分电器电控点火系统，就需要点火正时灯进行基本的点火正时设置了。汽车点火正时灯如图 2-12 所示。

8. 示波器

示波器在快速准确地诊断发动机电控系统故障方面非常有用。示波器可以把电压的变化在显示屏上显示出来，用于分析、判断和储存。模拟示波器和数字示波器如图 2-13 所示。

9. 故障检测仪

故障检测仪又称为解码仪，用于测试汽车电控系统。故障检测仪可以从发动机电控单元的存储器读取故障码，并将故障码以数字形式显示出来。故障检测仪通常需要定期进行更新升级。常用的国产故障检测仪有金德 K81 和元征 X431，如图 2-14 所示。

单元二　维护和检查发动机电控系统

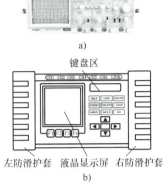

图 2-12　汽车点火正时灯

图 2-13　模拟示波器和数字示波器
a）模拟示波器　b）数字示波器（MT3500）

10. 废气分析仪

废气分析仪用来检测汽车的尾气排放。常用的五气体废气分析仪（图2-15）可以检测以下气体：HC、CO、CO_2、O_2 及 NO_x 的气体浓度。

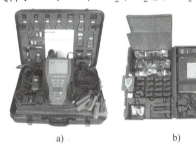

图 2-14　常用的国产故障检测仪
a）金德 K81　b）元征 X431

图 2-15　常用的五气体废气分析仪

1.4　查找车辆信息

维护车辆时，必须知道车辆的维护规范，不同车款、不同年份的车辆可能装备不同的发动机和控制系统，所以必须能够准确查找车辆信息。有了准确的车辆信息，即可查找相关的维修手册，或和同事共同讨论维护的技巧。

下面以丰田威驰轿车为例说明车辆信息和发动机信息的位置。

1. 查找车辆铭牌

车辆铭牌上通常有车型、发动机型号、生产日期、车辆识别号，它通常铆接安装在车身上。丰田威驰轿车车辆铭牌的位置如图 2-16 所示。

2. 查找车辆识别号

车辆识别号通常压印在车身和车辆标牌上。丰田威驰轿车车辆识别码的位置如图 2-17 所示。

图 2-16　丰田威驰轿车车辆铭牌的位置

3. 查找发动机系列号

发动机系列号压印在发动机气缸体上。丰田威驰轿车发动机系列号的位置如

115

图 2-18 所示。

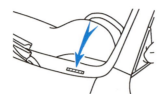

图 2-17　丰田威驰轿车车辆识别码的位置

图 2-18　丰田威驰轿车发动机系列号的位置

1.5　认识丰田 3SZ–FE 发动机控制系统

1. 认识丰田 3SZ–FE 发动机控制系统零部件位置

要对电控发动机进行维护，首先应该熟悉发动机控制系统的零部件位置。丰田 3SZ–FE 发动机控制系统零部件位置如图 2-19、图 2-20、图 2-21 所示。

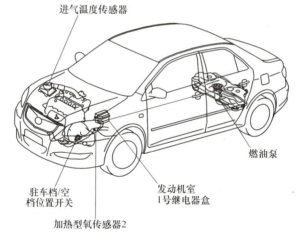

图 2-19　丰田 3SZ–FE 发动机控制系统零部件位置（一）

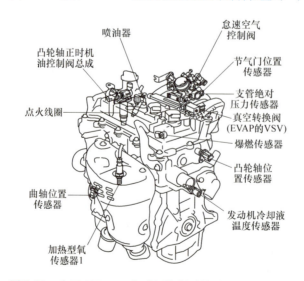

图 2-20　丰田 3SZ–FE 发动机控制系统零部件位置（二）

单元二 维护和检查发动机电控系统

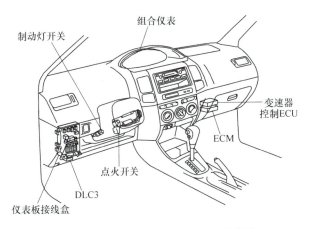

图 2-21　丰田 3SZ – FE 发动机控制系统零部件位置（三）

2. 认识丰田 3SZ – FE 发动机控制系统电路图

当要知道某个电气系统的工作或要检查某电路时，必须学会从生产厂商提供的电路图及相关图表资料中查找信息。其中，电路图是查找电气系统问题的主要工具，它表达了各个电路的供电回路和控制部件。丰田3SZ – FE 发动机控制系统电路图见附录。

3. 认识丰田 3SZ – FE 发动机电控单元接线端子

在丰田 3SZ – FE 发动机电控单元上根据插接器的位置，分别被分为 E10、E9、E8、E7 4 个区域。

1.6　电控发动机维护的注意事项

1. 蓄电池端子的拆卸与安装注意事项

1）进行电气操作前，要将蓄电池负极（–）电缆拆下，以免因意外短路而造成零部件和配线的损坏，如图 2-22 所示。

2）将蓄电池负极（–）电缆拆下时，时钟设定、收音机设定、音响系统的存储内容、DTC 和其他数据都将被清除，必要时一些系统需要进行初始化。在拆下电缆前，应记录下必要的数据。

3）拆下电缆时，关闭发动机开关和前照灯变光开关，并完全松开电缆螺母，然后拆下电缆。进行这些操作时，不能扭曲或撬动电缆。

2. 维护电子部件的注意事项

1）除非必要，否则不能打开 ECU 盖或壳。如果要接触 ECU 插接器电缆，应先消除自身的静电。

2）断开电子插接器时，严禁拉拔配线，应拉拔插接器本身。

3）不要掉落电子部件（如传感器或继电器），否则容易造成损坏，如图 2-23 所示。

4）清洁发动机时，应保护好电子部件、空气滤清器以及与排放相关的零部件，以防进水。

5）禁止用冲击扳手拆卸或安装各种开关和传感器。

6）在测量线束插接器的电阻时，小心插入检测仪探针，避免使插接器端子弯曲。

图2-22　拆下蓄电池负极电缆

图2-23　不要掉落电子部件

3. 配备催化转化器的车辆

对于配备催化转化器的车辆，应遵循以下注意事项：

注　意

如果大量未燃烧的燃油或燃油蒸气进入催化转化器，则会导致过热从而损坏催化转化器，甚至引发火灾。

1）只能使用无铅汽油。
2）避免发动机怠速运转超过20min。
3）避免进行不必要的火花跳火试验。在必要的情况下进行火花跳火试验时，应尽快完成。
4）试验时，切忌高速运转发动机。
5）避免发动机压缩压力测量时间过长，发动机压缩压力测量必须尽快完成。
6）燃油即将耗尽时禁止运转发动机，避免导致发动机失火。

4. 配备移动通信系统的车辆

1）不要安装任何大功率移动通信系统。
2）天线的安装位置应尽可能远离车辆电气系统的ECU和传感器，天线馈线的安装位置应距离车辆电气系统的ECU传感器至少20cm，如图2-24所示。
3）天线和馈线应尽可能与其他配线分开，以防通信设备的信号和车辆电控设备互相影响。
4）检查并确认天线和馈线调整正确。

图2-24　天线和天线馈线的安装位置

1.7　维护完毕后的事项

当车辆维护完毕后，需要完成以下事项。

1. 维修场地和维修工具的清理

清理场地上的灰尘、油污、铁屑、垃圾等脏物，将各种部件摆放整齐。使用完毕的工具应及时清洁后放回工具箱或工具柜中，以备下次使用。

维护时更换下来的旧配件应在征询客户的意见后进行处理，不应随意丢弃。

单元二 维护和检查发动机电控系统

2. 车辆的清洗和准备

当车辆维护完毕后,应将车辆进行清洗,尤其是在维修中不小心弄脏的地方一定要进行清洁。

在维护中,可能会拆卸蓄电池电缆,此时应尽量使用备用电源向收放机等部件供电,避免客户的习惯设置丢失。如果没有备用电源,应在拆卸蓄电池电缆之前将客户的设置记录下来,在维护完毕后重新恢复设置。

3. 给客户的建议

在维护中发现的其他故障应及时告知客户,由客户决定是否进行修理。维护完毕应告知客户车辆的状况,以及下一次维护的里程或时间。

通常应在客户接车后的一定时间内进行回访,征询客户对维护质量和其他方面的满意情况,以进一步的改进。

 完成学习工作页

学习工作页1					
姓　　名		班　级		小　组	
日　　期		开始时间		结束时间	

1. 在维修车间内工作时,怎样做到保护自己和保证车间的安全?试列举一些必要的措施。

保护自己:

1) _____
2) _____
3) _____
4) _____

保证车间安全:

1) _____
2) _____
3) _____

2. 在维修车间内工作时,常常会遇到需要移动客户车辆的情况,应怎样保证车辆安全?试列举采取的措施。

1) _____
2) _____
3) _____
4) _____

(续)

完成任务

1. 在维修车间的专用工具保管员处,认识用于维护电控发动机的检测仪器和设备,并记录认为最重要的 6 种仪器或设备的名称、型号和用途。

(1) 仪器名称: 型号:

(2) 仪器名称: 型号:

(3) 仪器名称: 型号:

(4) 仪器名称: 型号:

(5) 仪器名称: 型号:

(6) 仪器名称: 型号:

2. 查找教师提供的车辆上的车辆铭牌、车辆识别号、发动机系列号等信息,并记录以下信息。

发动机排量	
车辆识别号	
生产日期	
制造商	

3. 根据以上车辆信息,查找与电控发动机维护相关的资料,并列出它们的存放位置。

资料名称	存放位置

4. 根据教师提供的车辆或电控发动机试验台架,查阅关于该发动机电控系统的电路图。在浏览电路图的时候是否有困难?记录下觉得必要的问题和提示,并向教师或同事(同学)寻求帮助。

你想过吗?

作为一名技术人员,在工作中规范、正确地使用工、量具是获得正确测量结果的基础。你能从"鲁班发明锯子"的典故中获得哪些启发?你能在实践和今后的工作中发挥自己的创造能力,完善专用工具的使用方法吗?

单元二 维护和检查发动机电控系统

指导教师评语

___
___
___

教师签字：_____ 日期：_____

任务 2　维护电控发动机的燃油喷射系统

 学习目标

电控发动机燃油喷射质量的好坏，直接影响发动机的输出动力、燃油消耗和尾气排放，定期对燃油供给系统进行维护是非常必要的。

本任务要求完成对丰田 3SZ-FE 电控发动机燃油供给系统的检查和维护，包括以下内容：了解维护燃油供给系统的注意事项；完成燃油泵工作情况和有无漏油检查；完成燃油系统压力的释放，检查燃油系统压力；完成拆卸、检查、安装燃油泵；完成拆卸、检查、清洗、安装喷油器。

 学习信息

2.1　维护燃油供给系统的注意事项

1. 安全注意事项

1）拆卸和安装燃油系统部件时，操作前应准备好一个灭火器。严禁用水清除溅出的汽油，否则会导致汽油扩散而引起火灾。

2）测试、拆卸和安装燃油系统部件时，应选择通风良好且无任何火源的场所进行操作，并注意不要使汽油泄漏。

3）电控燃油喷射系统内是有压力的，在维修作业前应先进行泄压。维护燃油系统时，为避免误操作，先从蓄电池负极端子断开电缆。

4）避免使用电动机、工作灯和其他可能产生火花或高温的电气设备，避免使用铁锤，以免产生火花。

5）使用防火容器单独清理沾有燃油的布。

6）避免橡胶或皮制零件接触到汽油。

2. 燃油系统管路维护注意事项

1）断开燃油高压管路时会有大量汽油喷出，因此应进行燃油系统卸压，并将残留在燃油泵管内的燃油全部排放到容器内。

2）断开燃油管插接器时，首先检查插接器周围管内是否有污物，如有必要，应将其清除。

3）从插接器上断开燃油管卡夹，如图 2-25 所示。

4）用手捏住挡片并推拉插接器使其连接断开，注意不要使用任何工具，如图 2-26 所示。检查燃油管的密封表面是否有污物或泥土。如果有必要，用棉丝抹布或布片将其清除。

5）用塑料袋包住断开的燃油管插接器和管口，以防损坏和异物污染，如图 2-27 所示。

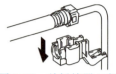

图 2-25　从插接器上断开燃油管卡夹

6）连接燃油管插接器时，首先检查燃油管与插接器的接触部位是否无损坏或有异物。

7）对准插接器轴与燃油管轴，将燃油管推入插接器直至发出"咔嗒"声，如图 2-28 所示。如果接头过紧，则在燃油管端部涂抹少量干净的发动机润滑油。

图 2-26　断开插接器连接

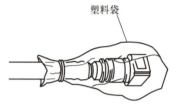

图 2-27　用塑料袋包住插接器和管口

8）连接燃油管和插接器后，试着将其拉动以确认连接牢固，如图 2-29 所示。

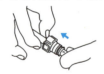

图 2-28　将燃油管推入插接器

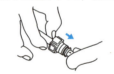

图 2-29　确认连接牢固

9）安装燃油系统管路中的 O 形圈时，应涂抹少量汽油，而不是使用发动机润滑油、齿轮油或制动液。

10）安装燃油管和插接器完毕，应检查燃油是否泄漏。

2.2　认识丰田 3SZ–FE 发动机燃油系统电路

在丰田 3SZ–FE 发动机燃油系统电路（图 2-30）中，电控单元控制 FC1 搭铁时，电路断开继电器（C/OPN）接通燃油泵电路，燃油泵开始工作。

通常，在点火开关旋到 ON 位置时，电控单元控制油泵工作 2~3s，在燃油系统管路中建立油压，以便起动。当发动机工作时，燃油泵电路会一直接通。

2.3　检查燃油泵工作情况和有无漏油

为了安全检查燃油系统有无漏油，应在

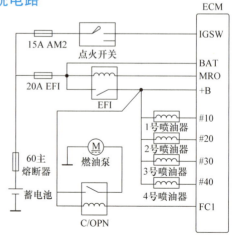

图 2-30　丰田 3SZ–FE 发动机燃油系统电路

单元二 维护和检查发动机电控系统

使燃油泵工作后检查燃油泵的工作情况,并在燃油系统管路中建立油压,然后检查燃油系统管路、插接器等有无漏油。

1. 检查燃油泵的工作情况

1) 使用检测仪时:将检测仪连接到 DLC3,将点火开关旋至 ON 位置并打开检测仪主开关,选择检测仪上的主动测试模式并检查燃油泵的工作情况,如图 2-31 所示。

2) 不使用检测仪时:从仪表板接线盒上拆下电路断开继电器,用跨接线连接继电器盒的端子 3 和端子 5,将点火开关旋至 ON 位置,检查燃油泵的工作情况,如图 2-32 所示。

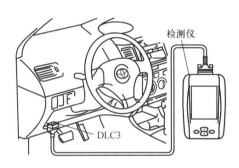

图 2-31 使用检测仪连接到 DLC3

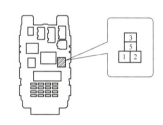

图 2-32 用跨接线连接端子 3 和端子 5

注 意

- 注意端子的连接位置,以避免发生故障。
- 不要起动发动机。

2. 检查有无漏油

在燃油系统管路建立油压后,检查并确认燃油系统各部位均无燃油泄漏。在进行燃油系统维护或维修后,必须进行漏油检查。

2.4 燃油系统压力的释放和检查

汽油喷射发动机为便于再次起动,在发动机熄火后燃油系统内仍保持有较高的残余压力,所以在拆卸燃油系统内任何元件时,都必须首先释放燃油系统压力(称为卸压),以免系统内的压力油喷出造成人身伤害或火灾。

1. 释放燃油系统压力

燃油系统压力释放的步骤如下:拆下仪表板接线盒中的电路断开继电器,如图 2-33 所示;起动发动机;在发动机自行熄火后,将点火开关旋至 OFF 位置;检查并确认发动机不会起动;拆下燃油箱盖,然后使燃油箱卸压;从蓄电池负极端子拆下电缆。

图 2-33 拆下电路断开继电器

2.4 燃油供给系统压力释放和检查

注　意

尽管采取卸压措施，燃油管路中仍会存有残余压力，需在断开燃油管路时用棉布或毛巾包住管口以防止燃油喷溅。

2. 检查燃油压力

通过检查燃油系统压力可判断燃油系统的工作是否正常。检查燃油压力的步骤如下：

1）燃油系统卸压。
2）用电压表测量蓄电池电压，标准电压应为 11～14V。
3）从蓄电池负极端子拆下电缆。
4）从燃油主管上断开燃油软管，安装 SST（压力表和燃油管插接器），如图 2-34 所示。

注　意

在丰田汽车维修手册中，SST 表示专用工具。不同的专用工具有不同的编号。

5）擦净喷溅的汽油。
6）将电缆重新连接到蓄电池负极端子。
7）将检测仪连接到 DLC3，使燃油泵工作。
8）测量燃油压力。标准燃油压力应为 304～343kPa。

如果燃油压力大于规定值，则更换燃油压力调节器。如果燃油压力小于规定值，则检查燃油软管、燃油软管接头、燃油泵和燃油压力调节器。

9）从 DLC3 断开检测仪。
10）起动发动机，在发动机怠速时测量燃油压力。标准燃油压力应为 304～343kPa。如果燃油压力不符合规定，则检查真空软管和燃油压力调节器。

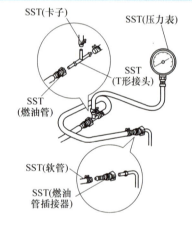

图 2-34　安装压力表和燃油管插接器

11）将发动机熄火，5min 后检查燃油压力。标准燃油压力为 147kPa 或更大。如果燃油压力不符合规定，则检查燃油泵、燃油压力调节器和喷油器。

12）检查燃油压力后，从蓄电池负极端子断开电缆并小心地拆下 SST 以防燃油喷溅。

13）将燃油管重新连接到燃油主管上。
14）检查燃油是否泄漏。

2.5　燃油泵总成的拆装

2.5　拆卸、检查、安装燃油泵

燃油泵经过长期使用后，需要进行清洗、维护或更换。

单元二 维护和检查发动机电控系统

1. 燃油泵的安装位置和结构

燃油泵的安装位置如图 2-35 所示。
燃油泵的结构如图 2-36 所示。

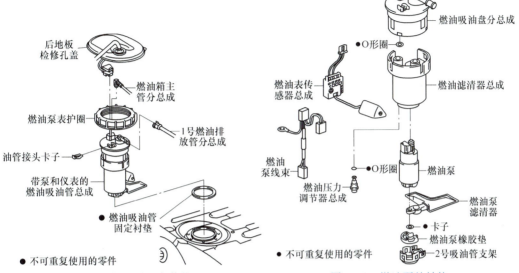

图 2-35 燃油泵的安装位置　　图 2-36 燃油泵的结构

2. 检查燃油泵

1）检查燃油泵电阻。用万用表电阻档测量端子 1 和 2 间的电阻，如图 2-37 所示。

标准电阻：20℃ 时为 0.2～3.0Ω。如果结果不符合规定，则更换燃油泵。

2）检查燃油泵工作情况。将蓄电池正极引线（+）连接到插接器的端子 1，负极引线（-）连接到端子 2。检查并确认燃油泵开始工作。

如果燃油泵不工作，则将其更换。

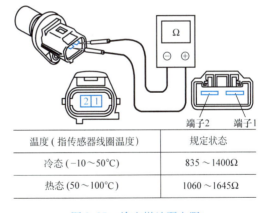

温度（指传感器线圈温度）	规定状态
冷态（-10～50℃）	835～1400Ω
热态（50～100℃）	1060～1645Ω

图 2-37 检查燃油泵电阻

 注　意

- 为避免损坏燃油泵线圈，以上测试必须在连接蓄电池的 10s 内完成。
- 燃油泵应尽量远离蓄电池。
- 务必在蓄电池侧而不是燃油泵侧进行操作。

2.6 喷油器的拆装

2.6 检查喷油器

喷油器是电喷发动机关键部件之一，它的工作状况的好坏直接影响发动机的性能。汽车行驶一定里程后，发动机内积炭会沉积在喷油器上，或燃油中的杂质等会阻塞住喷油器通路，导致发动机动力性能下降。

喷油器的安装位置如图 2-38 所示。

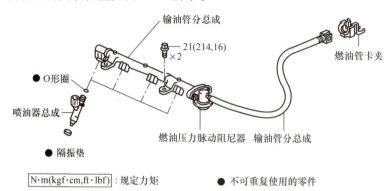

图 2-38 喷油器的安装位置

1. 检查喷油器的电阻

用万用表电阻档测量端子间的电阻，测量方法与标准电阻如图 2-39 所示。如果结果不符合规定，则更换喷油器总成。

2. 检查喷油器工作情况

1）将 SST（燃油管插接器）连接到 SST（软管），然后将其连接到燃油管（车辆侧），如图 2-40 所示。

2）将 O 形圈安装到喷油器总成上。

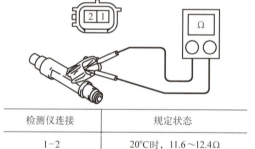

检测仪连接	规定状态
1—2	20℃时，11.6～12.4Ω

图 2-39 检查喷油器的电阻

3）将 SST（接合器和软管）连接到喷油器总成上，并用 SST（卡夹）固定喷油器总成和接头，如图 2-41 所示。

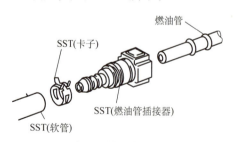

图 2-40 将燃油管插接器连接到软管

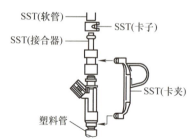

图 2-41 将接合器和软管连接到喷油器总成上

4）将喷油器总成放入量筒。

5）使用检查燃油泵工作情况的办法，使燃油泵工作。

单元二　维护和检查发动机电控系统

6）将SST（线束）连接到喷油器总成和蓄电池上15s，并用量筒测量喷油量。对各喷油器测试2或3次，如图2-42所示。

15s时间的喷油量应为47～58cm^3，各喷油器相差11cm^3或更少。如果喷油量不符合规定，则更换喷油器总成。

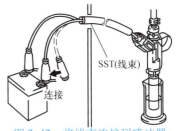

图2-42　将线束连接到喷油器总成进行测试

注　意

- 在通风良好的场所进行此项检查，避免任何明火。
- 将合适的塑料管安装到喷油器总成以防止汽油喷溅。
- 务必在蓄电池侧进行操作。

3. 检查喷油器是否泄漏

在上一步骤专用工具连接情况下，从蓄电池上断开SST（线束）的探针，并检查喷油器是否泄漏，如图2-43所示。

滴油量要求：12min内1滴或更少。

4. 安装喷油器

更换O形圈和隔振垫并涂上汽油，左右旋转喷油器并将其安装到输油管上（图2-44、图2-45）。

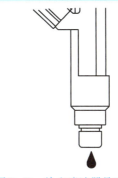

图2-43　检查喷油器是否泄漏

图2-44　安装喷油器总成

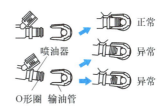

图2-45　正确安装喷油器

注　意

- 安装之前，先在新O形圈上涂抹汽油，不要扭曲O形圈。
- 安装喷油器后，检查其转动是否平稳。如果不能平稳转动，则用新的O形圈替代。

2.7　使用仪器清洗和检测喷油器

清洗喷油器是清除喷油器上的积炭和汽油沉积物，使喷油器达到良好的工作状况。

喷油器的检测主要包括喷油量检测、喷油量均匀性检测、雾化性观测、密封性测试等。

1. 清洗和检测喷油器

清洗和检测喷油器需要使用喷油器清洗检测仪，如图 2-46 所示。通常清洗和检测的步骤如下：

1）使用超声波清洗机进行超声波清洗。反向利用超声波在介质中传播时产生的穿透性和空化冲击波，将带有复杂外形、内腔和细孔的喷油器进行强力清洗。清洗部分主要是喷油器针阀，所以清洗液只要浸过针阀 20mm 即可。

2）进行反向清洗。反向即清洗液从喷油器的出油口进入，从进油口出去。其目的是冲洗喷油器内部及附在滤网上的污物。

3）进行均匀性检测。在清洗过程中，可以检测同一辆车上的喷油器在相同的工况下，各喷油器喷射量之间的差值是否达到要求或在规定的误差范围内（通常为 ±2% 以内）。

图 2-46　喷油器清洗检测仪

4）进行雾化性观测。在清洗过程中，可观察到喷油器的雾化状况和喷油角度。同一辆车上的喷油器的喷油角度要一致，雾化要均匀，无射流现象。

5）进行密封性测试。通过此步骤，可以检测出喷油器是否漏油。汽车的燃油压力一般为 200~330kPa，在允许的油压下，停止喷油器工作，持续地给喷油器供油，如果喷油器的针阀密封性不良，就会出现滴漏现象。

6）进行喷油量测试。喷油量检测是检测喷油器在 15s 正常喷油情况下的喷油量，然后参照喷油器的相关技术手册判断其是否与标准喷油器的喷射量一致（或在其误差范围内）。该值的变化或偏差反映了喷油器的孔径变化（磨损）或阻塞情况，可排除因喷油器电参数变化的干扰。

2. 免拆清洗燃油系统

免拆清洗燃油系统可使用燃油系统免拆清洗机，结合专用的燃油系统清洗剂进行。图 2-47 所示为元征公司的 CFC-401 燃油系统免拆清洗机。

图 2-47　元征公司的 CFC-401 燃油系统免拆清洗机

免拆清洗不需拆装发动机，只需将接头与发动机供油管及回油管连接，在发动机正常运转状况下，让清洗液进入燃油供给系统，溶解发动机供油管、喷油嘴针阀和燃烧室各组件的积炭、油泥、胶质及漆类污染物，经由循环燃烧分解过程从汽车排放系统排出，恢复发动机的性能。

完成学习工作页

学习工作页 2					
姓　　名		班　　级		小　　组	
日　　期		开始时间		结束时间	

单元二 维护和检查发动机电控系统

(续)

1. 在维护电控发动机燃油供给系统时,有哪些安全注意事项?试列举3条。
   1) _____
   2) _____
   3) _____
2. 如果燃油系统压力偏低,会是哪些原因引起的?对发动机的工作有哪些影响?
   压力偏低的原因:_____
   对发动机的影响:_____
   _____
3. 如果喷油器阻塞,会有哪些影响?为什么?
   _____
   _____
   _____

完成任务

这个任务的目的是提供一个对燃油供给系统的检查和维护的机会。在教师提供的装有电控发动机的汽车上,按照以下程序完成维护。
- ◆ 记录车辆信息,准备相关维修手册和维修工具。
- ◆ 回答鉴定教师可能提出的问题。
- ◆ 按照维修手册的维修程序进行维护,并填写以下表格。
- ◆ 当完成任务时,鉴定教师会认为你已经具备了维护燃油供给系统的能力。

1. 记录车辆信息。

车型		VIN	
发动机型号		行驶里程	

参考资料名称:_____

2. 检查油泵工作情况和有无漏油,记录步骤和结果。
你认为检查油泵工作情况和有无漏油有哪些注意事项?

列出使用的工具:

检查油泵工作情况的主要步骤:

漏油检查中,你检查了哪些部位?哪些部位有漏油现象?

有无漏油:□有   □无
3. 完成燃油系统压力释放和压力测试,记录步骤和结果。
列出使用的工具:

燃油系统压力释放的主要步骤:
_____
_____

燃油系统压力测试的主要步骤:
_____
_____

(续)

压力测试的结果记录：

燃油压力测试条件	测试油压结果	标准油压	是否正常
1）发动机不工作，使燃油泵工作	kPa	kPa	
2）发动机在怠速时	kPa	kPa	
3）发动机熄火5min后	kPa	kPa	

如果燃油压力不符合规定，应该怎样进行检查？
_____
_____

4. 完成燃油泵的拆卸、检查、安装等维护任务，并记录步骤和结果。
你认为燃油泵的拆装和检查中有哪些注意事项？
_____
_____

列出使用的工具：
_____

记录拆装燃油泵的主要步骤：
_____
_____
_____

检查燃油泵电阻：
标准电阻（查阅维修手册）：_____
测量结果：_____ 结果是否符合规定： □是　□否
如果测量结果不符合规定，应采取什么措施？
_____
_____

检查燃油泵工作情况：
检查方法：_____
检查结果是否符合规定：□是　□否
如果检查结果不符合规定，你采取什么措施？
_____

5. 完成喷油器的拆卸、检查、清洗、安装，记录步骤和结果。
你认为维护喷油器的过程中有哪些注意事项？
_____
_____

列出使用的工具：
_____

记录拆装喷油器的主要步骤：
_____
_____
_____

检查喷油器的电阻：
标准电阻（查阅维修手册）：_____
测量结果：_____ 结果是否符合规定：□是　□否
如果测量结果不符合规定，应采取什么措施？
_____
_____

检查喷油器工作情况：

单元二 维护和检查发动机电控系统

(续)

检查方法：_____

15s 时间的标准喷油量（查阅维修手册）：_____

测量结果：_____ 结果是否符合规定：□ 是　□ 否

如果检查结果不符合规定，应采取什么措施？

清洗喷油器：

记录主要步骤：_____

检测喷油器，记录检测结果：

检测项目	检测结果记录
喷油量均匀性检测	
雾化性观测	
密封性测试	
喷油量检测	

6. 你认为该车的燃油供给系统是否能够继续使用？你对驾驶人有什么建议？

 你能做到吗？

在电控发动机维修的环境中，你知道了安全、规范的要求和做法。你能在每一次实操任务完成后，帮助老师整理工具、清洁车辆和场地吗？

指导教师评语

教师签字：_____　　　日期：_____

任务3　维护电控发动机的点火系统

学习目标

在汽油机中，气缸内的可燃混合气是靠电火花点燃的，如果点火系统出现故障，发动机无法起动。随着发动机点火系统技术的不断发展，许多机械部件不再使用，点火系统的维护变得越来越简单。

本任务要求完成对丰田 3SZ-FE 电控发动机点火系统的检查和维护，包括以下内容：认识维护点火系统的注意事项；完成丰田 3SZ-FE 发动机直接点火系统维护；利用示波器检查点火系统的工作情况。

学习信息

3.1 维护点火系统的注意事项

1）防止高压电火花电击。尤其要注意由于高压电击所做出的意外反应。
2）注意发动机工作时的旋转部件。
3）如果不起动发动机，不能长时间将点火开关打开。

3.2 维护丰田 3SZ-FE 发动机直接点火系统

1. 认识点火系统部件和电路

丰田 3SZ-FE 发动机直接点火系统（DIS）的部件主要有火花塞、点火线圈、凸轮轴位置传感器、曲轴位置传感器、电控单元等。其中火花塞直接安装在点火线圈上。

丰田 3SZ-FE 发动机点火系统各部件的位置如图 2-48 所示，点火系统的电路如图 2-49 所示。

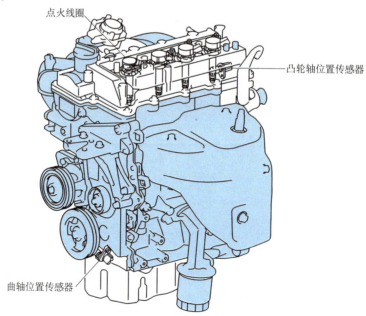

图 2-48　丰田 3SZ-FE 发动机点火系统各部件的位置

2. 检查故障码

如果显示诊断故障码，就按照故障码后面的程序检修故障（见单元三）。

3. 检查点火线圈总成和火花测试

拆下发动机盖；拆下 4 个点火线圈；用 16mm 规格的火花塞扳手拆下 4 个火花塞；

单元二 维护和检查发动机电控系统

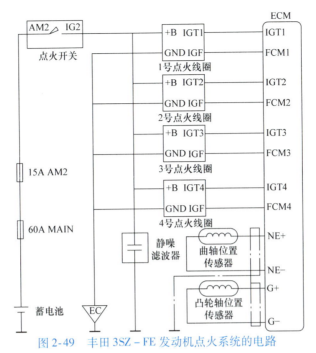

图 2-49 丰田 3SZ–FE 发动机点火系统的电路

将火花塞安装到点火线圈上,并连接点火线圈插接器;断开 4 个喷油器插接器;将火花塞负极搭铁;发动机运转时,检查各火花塞是否出现火花。

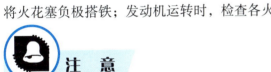 **注　意**

3.3.2 拆装检查点火线圈

● 检查时,确保火花塞搭铁。
● 点火线圈受到撞击造成损坏时,应将其更换。
● 发动机运转时间不要超过 2s。

如果没有产生火花,需要进行以下检查和维护工作。

4. 没有电火花时的检查

1)检查带点火器的点火线圈的线束侧插接器是否连接牢固。

2)检查电源是否加到带点火器的点火线圈上。将点火开关旋至 ON 位置,检查蓄电池的正极(+)电压是否加到点火线圈的正极(+)端子。

3)用正常的带点火器的点火线圈进行替换,再次进行火花测试。如果火花正常,则更换带点火器的点火线圈。

4)检查凸轮轴位置传感器的电阻。标准电阻冷态为 835~1400Ω,热态为 1060~1645Ω。如果电阻值与额定值不符,则更换凸轮轴位置传感器。

5)检查曲轴位置传感器的电阻。标准电阻冷态为 1630~2740Ω,热态为 2065~3225Ω。如果电阻值与额定值不符,则更换曲轴位置传感器。

6)检查 ECU 的 IGT。可以使用故障检测仪判断 IGT 信号是否正常,也可使用试灯模拟点火线圈来检查 IGT 信号。当发动机起动时,试灯闪烁表示 ECU 产生 IGT 信号。如果

133

IGT 信号正常，则需要修理点火线圈和 ECU 间的配线；如果 IGT 信号异常，则可能是 ECM 故障。

5. 维护、检查火花塞

1）检查火花塞的绝缘电阻。用绝缘电阻表测量火花塞的绝缘电阻（图 2-50），应为 10MΩ 或更大。如果结果不符合规定，则用火花塞清洁器清洁火花塞并再次测量电阻值。

2）检查火花塞的电极和工作情况。将发动机转速迅速升到 4000r/min，重复操作 5 次；拆下火花塞，目视检查火花塞的电极，如图 2-51 所示。如果电极干燥，则火花塞工作正常；如果电极潮湿，则进行下一步检查。

图 2-50　测量火花塞的绝缘电阻

图 2-51　检查火花塞的电极

3）检查火花塞螺纹和绝缘件。火花塞螺纹和绝缘件如果有任何损坏，则更换火花塞。3SZ–FE 发动机推荐使用 DENSO 公司制造的 SXU22PR9 型号的火花塞。

4）检查火花塞电极间隙，如图 2-52 所示。旧火花塞的最大电极间隙为 1.1mm。如果间隙大于最大值，则更换火花塞。新火花塞的电极间隙为 0.8~0.9mm。

5）清洁火花塞。如果电极湿润或有积炭，则用火花塞清洁器清洁电极并使其干燥。清洁火花塞使用的压缩气的气压不能超过 588kPa，持续时间为 20s 或更短时间。

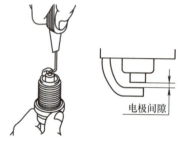
图 2-52　检查火花塞电极间隙

> **注　意**
>
> 如果电极沾有油，则先用汽油除去油，再使用火花塞清洁器清洁。

6. 安装火花塞

连接 4 个喷油器插接器；用 16mm 火花塞扳手安装 4 个火花塞，紧固力矩为 18N·m；安装 4 个点火线圈；安装发动机盖。用 3 个螺栓安装发动机盖，紧固力矩为 7.5N·m。

7. 拆卸点火线圈

从蓄电池负极端子拆下电缆；拆下发动机盖；拆下点火线圈总成。分离加速踏板拉索，断开 4 个点火线圈插接器，拆下 4 个螺栓，然后拆下 4 个点火线圈，如图 2-53 所示。

8. 安装点火线圈

用4个螺栓安装4个点火线圈，紧固力矩为7.5N·m；连接4个点火线圈插接器；安装加速踏板拉索。安装发动机盖；将电缆连接到蓄电池负极端子，紧固力矩为5.4N·m。

9. 检查点火正时

检查点火正时有使用检测仪检查和不使用检测仪检查两种方法。

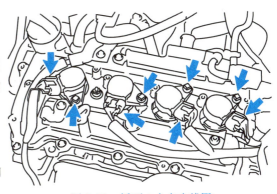

图 2-53 拆下 4 个点火线圈

（1）使用检测仪检查点火正时

1）预热并使发动机熄火。

2）将检测仪连接到诊断接口 DLC3，将点火开关旋至 ON 位置。

3）怠速时检查点火正时。此时应关闭所有电气系统和空调、冷却风扇，变速器变速杆应位于空档。点火正时应为 4°~8°BTDC（上止点前）。

4）将点火开关旋至 OFF 位置，从 DLC3 断开检测仪。

（2）不使用检测仪检查点火正时

1）拆下发动机盖。

2）拉出测试线束，如图 2-54 所示。

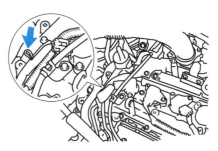

图 2-54 拉出测试线束

注　意

检查完成后，应用胶带缠好线束。

3）预热并停止发动机运转。

4）使用检测初级信号的正时灯，将正时灯的卡子连接到线束上。

5）将点火开关旋至 ON 位置，用 SST（跨接线）连接 DLC3 的端子13（TC）和端子4（CG）。

6）怠速时检查点火正时。此时应关闭所有电气系统和空调、冷却风扇，变速器变速杆应位于空档。点火正时应为 4°~8°BTDC（上止点前）。

7）断开 DLC3 的端子 13（TC）和 4（CG）的连接。

8）将点火开关旋至 OFF 位置，拆下正时灯。

9）安装发动机盖。

3.3 利用示波器检查点火系统的工作情况

利用示波器观察点火系统二次电压的波形变化，可以判定点火系统的工作情况。示波器连接到点火系统上的方法，根据点火系统种类和示波器型号的不同，具体参照示波器使用说明书。常用的波形显示有平列波、并列波和重叠波 3 种。

1. 单缸标准波形

当点火系统工作时，使用示波器显示某缸二次电路中电压随时间的变化，就得到单缸二次电压标准波形，如图 2-55 所示。

（1）跳火线　跳火线的高度表示跳过火花塞间隙需要的电压的高低（又称为击穿电压）。典型的击穿电压是 7～12kV。如果发动机所有气缸的点火都正常，各缸之间的电压相差不应大于 2kV。

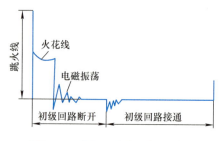

图 2-55　单缸二次电压标准波形

过高的击穿电压可能是由于过高的二次电路电阻（点火高压导线电阻过大或火花塞间隙过大等）或者气缸压缩压力过大（燃烧室积炭）引起的。

过低的击穿电压可能是由于过低的一次电路电阻（点火高压导线电阻过小或火花塞间隙过小等）、气缸压缩压力过小（发动机机械系统故障）、点火线圈故障，或者较低的一次点火系统电压（较高的一次电路电阻）引起的。

（2）火花线　火花线表示火花塞点火燃烧的时间。典型的火花燃烧时间是 2ms。火花燃烧时间与跳火电压之间有直接的关系。通常，如果跳火电压高，火花燃烧时间便短；如果跳火电压低，火花燃烧时间便长。

（3）电磁振荡　点火线圈电磁振荡发生在火花燃烧之后，由剩余的能量引起。通常，在正常情况下有 2～3 次振荡。如果观察到的二次点火波形的电磁振荡少于 2 次，则表明点火线圈性能变差。

2. 平列波

在平列波模式中，示波器从左至右显示所有气缸的点火波形（图2-56），便于观察每个缸的点火状态。

3. 并列波

在并列波模式中，各缸的电压波形上、下对齐为一列放置，这样易于比较各电压波形随时间的变化，如图2-57所示。

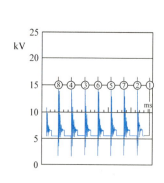

图 2-56　8 缸发动机二次电压平列波

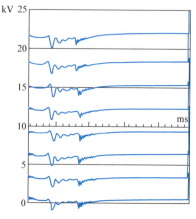

图 2-57　8 缸发动机二次电压并列波

单元二 维护和检查发动机电控系统

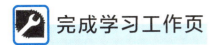
完成学习工作页

学习工作页3					
姓　名		班　级		小　组	
日　期		开始时间		结束时间	

1. 在维护电控发动机点火系统时，有哪些安全注意事项？试列举3条。
1) _____
2) _____
3) _____

2. 简要解释在检查点火系统的电火花时，为什么要拔下喷油器的插接器？检查时，火花塞搭铁端没有搭铁会产生什么影响？
_____
_____

3. 如果火花塞电极间隙过小或过大，对发动机的工作会有哪些影响？
火花塞电极间隙过小：_____

火花塞电极间隙过大：_____
_____

完成任务
这个任务的目的是提供一个对点火系统的检查和维护的机会。在教师提供的装有电控发动机的汽车上，按照以下程序完成维护。
◆ 记录车辆信息，准备相关维修手册和维修工具。
◆ 回答鉴定教师可能提出的问题。
◆ 按照维修手册的维修程序进行维护，并填写以下表格。
◆ 当完成任务时，鉴定教师会认为你已经具备了维护点火系统的能力。

1. 记录车辆信息。

车型		VIN	
发动机型号		行驶里程	

参考资料名称：_____

2. 维护点火系统时，最重要的是保证点火系统能提供正常的点火火花。参考维修手册，检查火花塞的电火花并记录步骤和结果。
这个发动机的点火系统是否需要进行进一步的维护和检查？□是　□否

3. 对火花塞进行检查和维护，记录步骤和结果。
列出使用的工具：_____
_____

（1）检查中心电极的绝缘电阻
绝缘电阻：_____
是否符合规定：□是　□否
（2）检查火花塞的电极和工作情况
主要步骤：
_____
_____

电极是否工作正常：□干燥　□潮湿
（3）检查火花塞螺纹和绝缘件
火花塞螺纹和绝缘件有无损坏：□有　□无
如有任何损坏，应该更换火花塞的型号为：_____

137

电控发动机维修 第3版

(续)

(4) 检查火花塞电极间隙
火花塞的电极间隙：_____
如果间隙大于最大值，则更换火花塞。
(5) 清洁火花塞
如果电极湿润或有积炭，则用火花塞清洁器清洁电极并使其干燥。
清洁火花塞的技术要求：
_____
火花塞是否维护完成，可以正常使用？ □是 □否
4. 检查点火线圈并记录步骤和结果。
列出使用的工具：
_____
该电控系统使用了_____个点火线圈，记录每一个点火线圈的检查结果。
点火线圈1的一次电阻：_____，二次电阻：_____
点火线圈2的一次电阻：_____，二次电阻：_____
点火线圈3的一次电阻：_____，二次电阻：_____
是否符合标准：□是 □否
还有什么方法来判断点火线圈是否正常？写下你的方法。
_____
_____
点火线圈是否可以继续使用：□是 □否
如果不能继续，你的维修建议是：_____
5. 如果使用了高压导线，记录检查高压导线的步骤和结果。
列出使用的工具：
_____
该电控发动机有_____个气缸，使用了_____根高压导线。
高压导线1的电阻：_____
高压导线2的电阻：_____
高压导线3的电阻：_____
高压导线4的电阻：_____
高压导线5的电阻：_____
高压导线6的电阻：_____
是否符合标准：□是 □否
还有什么方法来判断高压导线是否正常？写下你的方法。
_____
_____
高压导线是否可以继续使用：□是 □否
如果不能继续，你的维修建议是：_____
6. 查阅资料，对该电控发动机的点火正时进行检查。
列出使用的工具：
_____
记录主要步骤：
_____
检查并记录点火提前角：

转速	标准点火提前角	实际点火提前角

点火提前角是否正常：□是 □否

单元二　维护和检查发动机电控系统

（续）

如果不正常，怎样进行调整？记录主要步骤：

7. 利用车用示波器检查该电控发动机的点火系统二次电压波形，判断点火系统的工作是否正常。

列出使用的工具：

记录主要步骤：

检查并记录点火波形：
说明：时间单位：_____/格，电压单位：_____/格，在图中标出 0V 电压位置。

点火波形是否正常：□ 是　□ 否
如果不正常，请简要进行分析：

8. 该车的点火系统是否能够继续使用？你对驾驶人有什么建议？

指导教师评语

教师签字：_____　　　　日期：_____

任务4 维护电控发动机的排放控制系统

 学习目标

排放控制系统对控制汽车污染环境有着非常重要的作用。丰田 3SZ – FE 电控发动机使用了三元催化转化系统、汽油蒸发排放控制系统、曲轴箱通风系统,保持这些排放控制系统有良好的工作状态是非常重要的。

本任务要求完成对丰田 3SZ – FE 电控发动机排放控制系统的检查和维护,包括以下内容:完成维护三元催化转化系统;完成维护汽油蒸发排放控制系统;完成维护曲轴箱通风系统。

 学习信息

4.1 排放控制系统的车上检查

1. 零件位置分布图

丰田 3SZ – FE 电控发动机排放控制系统的主要部件在汽车上的分布如图 2-58 所示,排放控制系统的电路如图 2-59 所示。

4.1 排放控制系统的车上检查

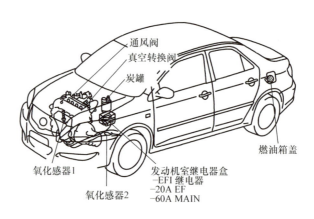

图 2-58 丰田 3SZ – FE 电控发动机排放控制系统的主要部件在汽车上的分布

 注意

● 拆下机油尺、润滑油加油盖或 PCV 软管可能导致发动机转速不稳。
● 进气系统中零部件的断开、松动或裂纹将导致进气泄漏,并会引起发动机运转异常。

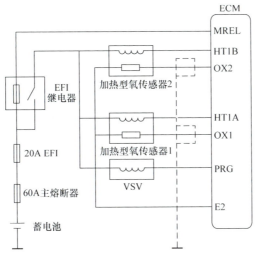

图 2-59 排放控制系统的电路

2. 车上检查

1）检查燃油切断时的转速。增大发动机转速至大约 3000r/min，用听诊器检查喷油器的工作声音。松开节气门操纵杆，检查工作噪声是否断断续续。

2）目视检查软管、连接部位和衬垫。检查软管、连接部位和衬垫上有无裂纹、泄漏或划痕，如图 2-60 所示。

3）检查燃油箱盖。目视检查燃油箱盖衬垫是否有变形或损坏，如图 2-61 所示。

图 2-60 检查软管、连接部位和衬垫

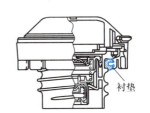

图 2-61 检查燃油箱盖衬垫

4.2 维护三元催化转化器

1. 三元催化转化器失效原因

随着使用时间的增长，三元催化转化器的活性表面开始老化、失效，造成转化效率下降。三元催化转化器老化的主要原因有：

（1）过热老化 由于使用温度过高造成催化转化器表面烧结，会导致催化转化器的活性表面损失。通常催化转化器的使用温度不超过 900℃。

（2）化学毒化 由于燃油和润滑油中的一些元素（如铅、磷和硫等）和催化转化器的活性材料反应，或覆盖在催化转化器的活性材料表面上，会造成催化转化效率下降。通常，使用三元催化转化器的汽车必须加注无铅汽油。

（3）硬物撞击或骤冷 由于硬物撞击或骤冷造成物理损坏，使内部的陶瓷承载体破碎。

2. 判断三元催化转化器的工作情况

注　意

- 如果发动机一直运转，催化转化器和其他排放控制系统元件会过热。在检修这些元件时应戴防护手套，以免烧伤。
- 不要装一根排气管来替代催化转化器。
- 判断三元催化器是否工作，首先应对发动机进行预热。

判断三元催化转化器工作情况的方法有：

（1）测量废气　测试催化转化器的最精确方法是用废气分析仪测量排放废气。三元催化转化器有故障时，会导致废气中 HC（碳氢化合物）、CO（一氧化碳）和 NO_x（氮氧化合物）的体积分数升高。

（2）测量温度　可用数字温度计测试三元催化转化器，如果工作正常，三元催化转化器出口温度应比进口温度至少高出 38℃；否则，表明该转化器工作不良，应更换新的三元催化转化器。

（3）检查堵塞　在寒冷气候下驾驶一段短距离后，三元催化转化器有故障时会充满凝结物。在发动机不运转时该凝结物会凝固，从而导致催化转化器完全被堵塞，甚至出现不能起动的故障。

如果怀疑排气系统的反馈压力过大，可从汽车上卸下转化器，使用手电筒目测检查三元催化转化器上是否有堵塞、熔化和开裂现象（图2-62）。如果可见区域有损坏和堵塞现象，则更换三元催化转化器。

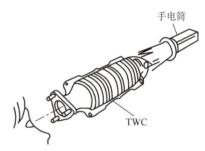

图 2-62　检查三元催化转化器

4.3　拆装检查炭罐

4.3 拆装检查炭罐总成

炭罐在汽车上的安装位置如图2-63所示。

1. 拆下炭罐总成

断开2根软管，拆下炭罐，如图2-64所示。

图 2-63　炭罐在汽车上的安装位置

图 2-64　拆下炭罐

2. 检查炭罐的工作情况

1）将软管插入排气口。

2）使排气口保持关闭，并向进气口吹入 4.71kPa 的空气，检查空气是否从清污口吹出，如图 2-65 所示。如果操作结果不符合规定，则更换炭罐。

3）向进气口吹入 4.71kPa 的空气，并检查空气是否从其他端口顺畅地吹出，如图 2-66 所示。如果操作结果不符合规定，则更换炭罐。

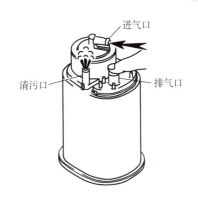

图 2-65　检查炭罐的工作情况（一）

4）向进气口施加 1.96kPa 的真空，当排气口和清污口均关闭时，检查真空应没有减小；当清污口打开时，检查真空应有减少，如图 2-67 所示。如果操作结果不符合规定，则更换炭罐。

3. 安装炭罐总成

安装炭罐总成，连接 2 根软管。

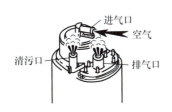

图 2-66　检查炭罐的工作情况（二）　　　　图 2-67　检查炭罐的工作情况（三）

4.4　检查炭罐真空转换阀总成

炭罐真空转换阀在汽车上的安装位置如图 2-68 所示。

4.4 拆装检查活性炭罐电磁阀

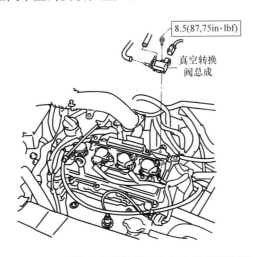

图 2-68　炭罐真空转换阀在汽车上的安装位置

1. 拆卸真空转换阀总成

从蓄电池负极端子拆下电缆；拆下发动机盖；断开插接器和 2 根软管，拆下固定螺栓，拆下真空转换阀总成，如图 2-69 所示。

2. 检查真空转换阀总成

1）检查电阻。用万用表电阻档测量端子间的电阻，测量方法和标准电阻值如图 2-70 所示。如果结果不符合规定，则更换真空转换阀总成。

2）检查真空转换阀总成是否搭铁。用万用表电阻档检查各端子与车身间的电阻，测量方法和标准电阻值如图 2-71 所示。如果结果不符合规定，则更换真空转换阀总成。

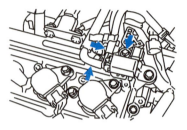

图 2-69　拆卸真空转换阀总成

3. 检查真空转换阀的工作情况

1）检查空气应不能从端口 E 流到端口 F，如图 2-72 所示。如果操作结果不符合规定，则更换真空转换阀总成。

2）将蓄电池电压加在端子间，检查空气应能够从端口 E 流到端口 F，如图 2-73 所示。如果操作结果不符合规定，则更换真空转换阀总成。

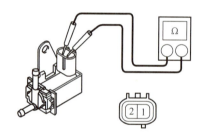

检测仪连接	规定状态
1—2	20℃时，26～30Ω

图 2-70　测量真空转换阀电阻

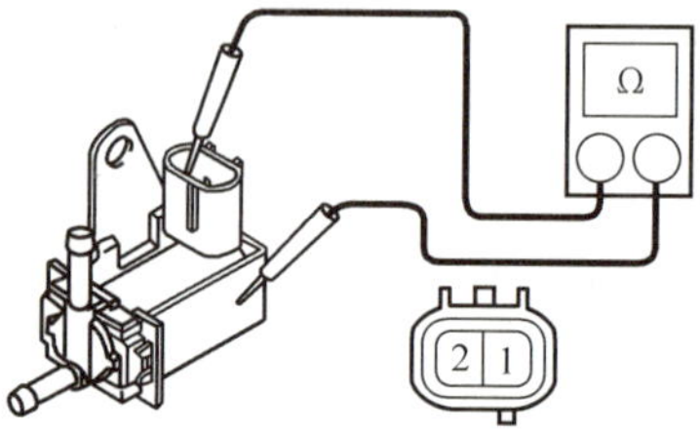

检测仪连接	规定状态
1—车身	≥10MΩ
2—车身	≥10MΩ

图 2-71　检查真空转换阀绝缘性能

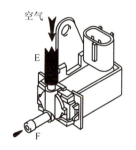

图 2-72　检查真空转换阀的工作情况（一）

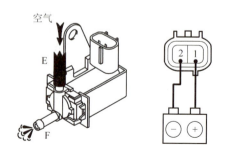

图 2-73　检查真空转换阀的工作情况（二）

4.5 检查曲轴箱通风阀

曲轴箱通风阀在汽车上的安装位置如图2-74所示。

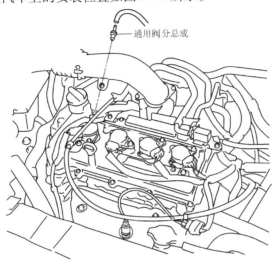

图2-74 曲轴箱通风阀在汽车上的安装位置

检查曲轴箱通风阀的步骤如下：
1）安装洁净的软管。
2）将空气吹入气缸盖侧，并检查空气流通应顺畅，如图2-75所示。

注 意

不要通过通风阀吸气，通风阀内的石油物质是有害的。

3）将空气吹入进气歧管侧，并检查空气流通应不通，如图2-76所示。如果操作结果不符合规定，则更换通风阀。

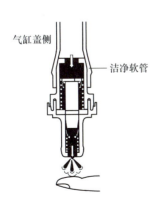

图2-75 检查曲轴箱通风阀的工作情况（一）

图2-76 检查曲轴箱通风阀的工作情况（二）

电控发动机维修 第3版

 完成学习工作页

学习工作页 4					
姓　　名		班　　级		小　　组	
日　　期		开始时间		结束时间	

1. 在维护电控发动机排放控制系统时，有哪些安全注意事项？试列举 3 条。

　1) _____

　2) _____

　3) _____

2. 如果三元催化转化器失效，排放气体中哪些有害气体会增加？如果三元催化转化器堵塞，会对发动机工作产生什么影响？

_____

_____

3. 在燃油蒸发排放控制系统中，如果炭罐真空转换阀被卡死在全开或全闭位置，会对发动机的工作产生哪些影响？排放气体中哪些有害气体会增加？

_____

_____

4. 在曲轴箱通风系统中，如果曲轴箱通风阀被卡死在全开或全闭位置，会对发动机的工作产生哪些影响？排放气体中哪些有害气体会增加？

_____

_____

5. 在废气再循环系统中，如果 EGR 阀被卡死在全开或全闭位置，会对发动机的工作产生哪些影响？排放气体中哪些有害气体会增加？

_____

_____

完成任务

这个任务的目的是提供一个对排放控制系统的检查和维护的机会。在教师提供的装有电控发动机的汽车上，按照以下程序完成维护。

● 记录车辆信息，准备相关维修手册和维修工具。
● 回答鉴定教师可能提出的问题。
● 按照维修手册的维修程序进行维护，并填写以下表格。
● 当完成任务时，鉴定教师会认为你已经具备了维护排放控制系统的能力。

1. 记录车辆信息。

车型		VIN	
发动机型号		行驶里程	
排放控制的措施	☐ 三元催化转化器 ☐ 曲轴箱通风系统 || ☐ 燃油蒸发排放控制 ☐ 废气再循环系统	

单元二　维护和检查发动机电控系统

(续)

参考资料名称：
_____

2. 查阅资料，确定排放控制系统车上检查的项目，并记录步骤和结果。
列出使用的工具：

_____
（1）检查燃油切断时的转速
主要步骤：_____
_____

燃油切断功能是否正常：□ 是　　□ 否
（2）目视检查软管、连接部位和衬垫
软管、连接部位和衬垫上有无裂纹、泄漏或划痕：□ 有　　□ 无
如果有，记录部件名称：_____
（3）检查燃油箱盖
衬垫是否变形或损坏：□ 是　　□ 否
如果有，记录部件名称：_____

3. 根据维修手册检查三元催化转化器是否失效，并记录检查结果。
列出使用的工具：

_____
(1) 使用废气分析仪，在检测三元催化转化器前（可通过氧传感器安装孔）检测废气含量：

_____
在检测三元催化转化器后（可通过排气管）检测废气含量：

_____
比较以上结果，三元催化转化器是否起作用：□ 是　　□ 否
（2）使用温度计，检测三元催化转化器进口处的温度为：_____，三元催化转化器出口处的温度为：_____。

比较以上结果，三元催化转化器是否工作：□ 是　　□ 否
（3）检查三元催化转化器是否堵塞，你采用什么方法？

_____
三元催化转化器是否堵塞：□ 是　　□ 否
三元催化转化器是否可以继续使用：□ 是　　□ 否
如果不能继续，你的维修建议是：_____

4. 检查燃油蒸发排放控制系统的部件，并记录步骤和结果。
列出使用的工具：

_____
如何判断炭罐是否能够正常工作？列出主要步骤和检查结果。
主要步骤：_____
_____

炭罐是否能够正常工作：□ 是　　□ 否
如何判断炭罐真空转换阀是否能够正常工作？列出主要步骤和检查结果。
主要步骤：_____
_____

147

(续)

炭罐真空转换阀是否能够正常工作：□ 是　□ 否
燃油蒸发排放控制系统是否工作正常：□ 是　□ 否
如果否，你的维修建议是：_____

5. 检查曲轴箱通风系统的部件，并记录步骤和结果。
列出使用的工具：
_____
你如何判断曲轴箱通风阀是否能够正常工作？列出主要步骤和检查结果。
主要步骤：_____
_____
曲轴箱通风阀是否能够正常工作：□ 是　□ 否
曲轴箱通风系统是否工作正常：□ 是　□ 否
如果否，你的维修建议是：_____

6. 如果该发动机排放控制系统使用了废气再循环系统，完成以下检查，并记录步骤和结果。
列出使用的工具：
_____
如何判断EGR阀是否能够正常工作？列出主要步骤和检查结果。
主要步骤：_____
_____
EGR阀是否能够正常工作：□ 是　□ 否
如何判断EGR真空转换阀是否能够正常工作？列出主要步骤和检查结果。
主要步骤：_____
_____
EGR真空转换阀是否能够正常工作：□ 是　□ 否
废气再循环系统是否工作正常：□ 是　□ 否
如果否，你的维修建议是：_____

7. 该车的排放控制系统是否能够继续使用？你对驾驶人有什么建议？
_____
_____

指导教师评语

_____
_____

教师签字：_____　日期：_____

单元二 维护和检查发动机电控系统

单元学习鉴定与反馈

单元二　小组鉴定计划

课程名称：电控发动机维修	单元名称：单元二　维护和检查发动机电控系统
鉴定教师姓名：_____	
鉴定目的：通过鉴定，确认学习者具有正确维护电控发动机各系统的能力。	
鉴定背景：授课教师_____；已经授课的时间_____学时；授课的地点_____	
学生：专业_____年级_____班级_____	
鉴定时间：_____鉴定地点：_____	
鉴定方法：口头或书面回答问题、现场指认、展示操作技能	
鉴定工具：口头或书面问题清单、观察和练习清单	
合理的调整：根据实际需要进行调整	
需要的资源：实训场地、具备电控发动机系统的车辆、各种工具和检测仪器	
组织要求：有鉴定资格的教师进行鉴定，学生应遵守学生管理条例	
具体安排：考虑鉴定中的职场健康与安全、平等参与、公平公正；保留鉴定的各项证据和反馈信息	
需要收集的证据：口头或书面问题清单、观察和练习清单、出勤签到表、反馈信息	
对学生的说明：1）认真阅读鉴定任务；2）操作中应遵守职场健康与安全的规定；3）应在教师规定的时间内独立完成鉴定任务；4）完成所有的鉴定任务并均获得合格，才能通过本单元的鉴定；5）鉴定结束后，请确认结果并填写反馈信息；6）如果鉴定为不合格，学生应有一次重新鉴定的机会	

与相关人员的交流		
姓名	职务	对鉴定安排的意见
_____	_____教研室主任_____	_____
_____	_____汽车系主任_____	_____
_____		

149

学习前对学生说明的鉴定信息

学生姓名：	学号：	小组：	班级：
课程名称：电控发动机维修		单元名称：单元二 维护和检查发动机电控系统	
鉴定策略	● 下面提供了单元二的鉴定工具 ● 在完成了两个鉴定工具后，鉴定师根据本单元要求对学生能力的满意程度做出及时评价 ● 若对该鉴定策略有任何意见，请尽快在鉴定之前与教师讨论		
鉴定任务1	回答12个问题		
鉴定任务2	根据维修手册等资料，维护电控汽油发动机的各个系统，包括燃油供给系统、点火系统和排放控制系统		
如果得到对学生提供的详细鉴定信息，并同意以上鉴定策略，请签字：_____			

单元二　学生鉴定成绩单

鉴定工具1：回答问题		日期	鉴定教师
第1次鉴定	合格□　不合格□		
第2次鉴定	合格□　不合格□		
鉴定工具2：技能鉴定		日期	鉴定教师
第1次鉴定	合格□　不合格□		
第2次鉴定	合格□　不合格□		
对终结性鉴定成绩的反馈——最后的结果		合格□　不合格□	

需要说明：

完成日期：	学生签名：	鉴定教师签名：

单元二 维护和检查发动机电控系统

鉴定工具1：口头或书面问题清单

课程名称：电控发动机的维修		单元名称：单元二 维护和检查发动机电控系统		
学生姓名：_____		鉴定教师姓名：_____		
鉴定时间：_____		鉴定地点：_____		
鉴定步骤：回答所有问题，问题的答案应符合汽车维修行业的要求				
正确回答以下问题（请选择：口头□ 书面□）：	对	错	备注	
1）如果发动机的进气系统漏气，应检查哪些部位	□	□		
2）怎样检查节气门位置传感器和怠速控制阀	□	□		
3）维护燃油系统时，应注意哪些事项	□	□		
4）进行燃油系统维护时，为什么要先释放油压	□	□		
5）简述测量油压和检测喷油器的程序	□	□		
6）维护点火系统时，应注意哪些事项	□	□		
7）分析点火系统二次电压波形图	□	□		
8）维护排放控制系统时，应注意哪些事项	□	□		
9）简述维护排放控制系统的要点	□	□		
学生表现： 合格□ 不合格□				
给学生的反馈： 如果不合格，需要重新鉴定的说明：				
签字说明学生的表现，完成任务的能力和理论的理解 鉴定教师签字：			日期：	
签字说明同意上述记录属实，反映所完成的任务 学生签字：			日期：	

151

鉴定工具2：练习和观察清单

课程名称：电控发动机维修	单元名称：单元二　维护和检查发动机电控系统

学生姓名：_____　　鉴定教师姓名：_____

鉴定时间：_____　　鉴定地点：_____

任务说明：
确认学生具有正确维护电控发动机各系统的能力。
任务1　维护燃油供给系统
任务2　维护点火系统
任务3　维护排放控制系统

鉴定步骤：需要展示所有技能，并能被鉴定教师观察到。

学生是否具备下列技能：	是	否	备注
1) 实做是否遵守了安全操作程序	□	□	
2) 是否识别了危害，并采用安全程序	□	□	
3) 是否采用了正确的程序和信息，包括维修手册和说明	□	□	
4) 是否选用了正确的设备和方法	□	□	
5) 能否正确完成以上任务1～3	□	□	
6) 维护完成后，是否完成了现场清理和交车前的准备工作	□	□	

学生表现：　　　　　　　　　　合格□　　不合格□

给学生的反馈：

如果不合格，需要重新鉴定的说明：

签字说明学生的表现，完成任务的能力和理论的理解
　　鉴定教师签字：　　　　　　　　　　　　　　　　　　　　日期：

签字说明同意上述记录属实，反映所完成的任务
　　学生签字：　　　　　　　　　　　　　　　　　　　　　　日期：

单元二　信息反馈单

课程名称：电控发动机维修	单元名称：单元二　维护和检查发动机电控系统

说明：请依次回答所有问题（勾选），1表示好（很满意），依次降低直到5，5表示不好（不满意）。

A 部分 —— 回顾单元

1. 本单元与你的工作或未来的工作相关程度：
   高　1　2　3　4　5　低
2. 本次培训结束，你的技能水平是：
   高　1　2　3　4　5　低

B 部分 ——回顾授课

3. 学习资源的适宜程度（可能涉及教科书、培训资源/笔记、视频、多媒体教学）：
   高　1　2　3　4　5　低
   意见：＿＿＿＿＿＿＿＿＿＿＿＿＿＿＿＿＿＿＿＿＿＿＿＿＿＿＿＿＿＿

4. 设施和设备的适宜程度（可能涉及职场、资源、房间、图书馆、多媒体）：
   高　1　2　3　4　5　低
   意见：＿＿＿＿＿＿＿＿＿＿＿＿＿＿＿＿＿＿＿＿＿＿＿＿＿＿＿＿＿＿
   ＿＿＿＿＿＿＿＿＿＿＿＿＿＿＿＿＿＿＿＿＿＿＿＿＿＿＿＿＿＿＿＿＿

C 部分 ——回顾鉴定

5. 鉴定时，要求完成实做任务并回答问题。你是否认为鉴定能公平地评价你的技能和知识：
   高　1　2　3　4　5　低
   意见：＿＿＿＿＿＿＿＿＿＿＿＿＿＿＿＿＿＿＿＿＿＿＿＿＿＿＿＿＿＿
   ＿＿＿＿＿＿＿＿＿＿＿＿＿＿＿＿＿＿＿＿＿＿＿＿＿＿＿＿＿＿＿＿＿

6. 在合理的时间内，你是否得到了鉴定反馈：
   高　1　2　3　4　5　低
   意见：＿＿＿＿＿＿＿＿＿＿＿＿＿＿＿＿＿＿＿＿＿＿＿＿＿＿＿＿＿＿

单元三
诊断与排除发动机电控系统故障

 学习情境

你前面所做的工作客户很满意,车间主管也认为你很好学,干得不错。

今天上午,你刚刚来上班,就发现车间主管和客户都等着你。客户的爱车出了故障,不能正常工作了,他们希望你能进行准确的故障诊断,排除故障。赶快准备开始吧!

 单元学习目标

通过本单元的学习,应掌握发动机电控系统故障诊断与排除的能力。

 对接1+X标准

汽车运用与维修职业技能等级标准中的汽车动力与驱动系统综合分析技术职业技能,包括:一般故障诊断(高级2.1);发动机性能的故障诊断分析(高级2.2)。

 学习资源

各汽车生产公司的网页;电控发动机的生产、使用说明书;有关职场健康与安全的法律、法规;有关危险化学物质和危险商品的相关信息;汽车维修设备的使用说明书和安全操作规定;各种汽车电控发动机和电控燃油喷射系统的维护手册;提供各类维修知识和维修资料的网站。

 学习场所和设备

车间或模拟车间;个人防护用品、用具;汽车维修设备和工具;安全的工作环境和工作场所;电控发动机总成;装备有电控发动机的车辆。

单元三　诊断与排除发动机电控系统故障

任务1　发动机电控系统故障诊断与排除的流程

 学习目标

现在，你应该已对发动机电控系统的工作情况有了比较深入的了解，并能够为电控发动机的各个系统进行维护和检查，具备了一定的操作技能。电控发动机的故障诊断与排除是一项对知识和技能要求比较高的任务，通过本任务的学习你应能够按照维修手册的步骤，熟练运用各种诊断仪器，顺利地排除发动机的故障。在本单元中，以丰田威驰3SZ-FE发动机电控系统为例来学习电控发动机系统故障诊断与排除的方法。

丰田威驰3SZ-FE发动机电控系统的诊断系统称为多路车载诊断系统（M-OBD）。对使用多路车载诊断系统的车辆进行故障排除时，必须连接到检测仪读取ECM输出的各种数据。

本任务要求认识发动机电控系统的故障诊断与排除的流程，主要包括以下内容：掌握电控发动机故障诊断与排除流程；完成客户车辆的故障分析，填写故障分析表；能够读取故障码和定格数据、读取数据表和主动测试；完成发动机基本检查；能够根据故障症状表查找故障部位；能够熟练进行基本电路的检查；能够检查间歇性故障；掌握任务中几种症状模拟的方法。

 学习信息

1.1　发动机电控系统故障诊断与排除流程

一般来说，发动机电控系统很复杂，需要有高水平的技术知识才能进行故障排除。然而，大多数故障检查只需要根据维修手册的维修程序、步骤对发动机控制系统进行逐一检查，就足以进行准确的诊断、有效的故障排除和必要的修理。

常用的发动机电控系统故障诊断与排除流程如图3-1所示。

1.2　客户车辆的故障分析

为了迅速地检查故障源，首先必须了解出现的情形、条件、如何发生及是否已检修过等与故障有关的情况和信息，因此必须认真听取客户对故障现象的描述。以下5项是故障分析中的要点：

（1）何物——车型及发动机电控系统的名称。
（2）何时——发生故障的日期、时间及频率。
（3）何地——故障产生的道路状况。
（4）条件——运行条件、行驶条件、天气条件。
（5）如何——故障现象。

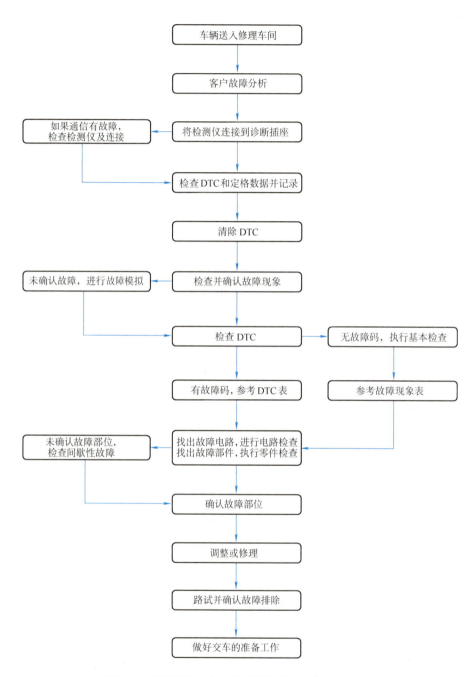

图 3-1 常用的发动机电控系统故障诊断与排除流程

在倾听客户的初步意见之后，进行一次初诊断，并向客户询问有关的问题来确定或否定初步诊断的结论，同时认真填写客户所述故障分析检查表（表 3-1）。此表所含项目是发动机电控系统故障现象的真实记录，与诊断测试结果一起构成查找故障源的依据。

单元三 诊断与排除发动机电控系统故障

表 3-1 客户所述故障分析检查表

检查员姓名：

客户姓名		车型及年款	
驾驶人姓名		车架号	
车辆入厂日期		发动机型号	
牌照号码		里程表读数	km

故障现象	□发动机不能起动	□发动机不运转　□无初始燃烧 □燃烧不完全
	□起动困难	□发动机运转缓慢　□其他：_____
	□怠速不良	□快怠速不正确　□怠速转速不正常 □高（　　r/min）　□低（　　r/min） □怠速不稳定　□其他：_____
	□运行性能不良	□回火　□消声器放炮（排气管喷火） □喘振　□爆燃　□其他：_____
	□发动机失速	□起动后不久　□踩下加速踏板后　□松开加速踏板后 □空调器工作时　□从 N 位换至 D 位时 □其他：_____
	□其他	□起动后不久　□踩下加速踏板后

故障发生日期	
故障发生次数	□经常　□有时（　　次/日）　□仅 1 次 □其他：_____

故障发生的情况	天气	□良好　□多云　□下雨　□下雪 □变化无常/其他：_____
	车外温度	□炎热　□温暖　□凉爽　□寒冷（约　　℃）
	地点	□公路　□郊区　□市内　□上坡　□下坡 □不平整道路　□其他：_____
	发动机温度	□冷态　□预热　□预热后　□任何温度　□其他
	发动机运行情况	□起动　□刚起动后（　　min）　□怠速　□高速空转 □行驶　□恒速　□加速　□减速 □空调器开关接通/断开　□其他：_____
检查发动机故障指示灯状态 （CHK ENG）		□持续亮　□有时亮　□不亮

1.3 读取故障码和定格数据

1. 故障指示灯（MIL）和故障码（DTC）

当点火开关转到 ON 位置和发动机不运转时，发动机故障指示灯（CHK ENG）应亮；发动机起动后，发动机故障指示灯应熄灭。如果该故障指示灯继续亮，则诊断系统检测到系统有故障或有不正常现象。

OBD 规范要求车辆的车载电控单元在检测到排放控制系统/零部件故障、动力传动控制系统/零部件（影响车辆排放）故障时，仪表板上的发动机故障指示灯（图 3-2）应亮，并在 ECM 存储器记录相应的故障码。如果在 3 个连续循环中故障未重复出现，则 MIL 会自动熄灭，但 DTC 仍记录在 ECM 存储器中。

1.3 读取故障码

图 3-2 仪表板上的发动机故障指示灯

注　意

● 双程检测逻辑

大多数故障码采用双程检测逻辑电路检测，以确保准确可靠的检测。当第 1 次检测到逻辑故障时，故障会暂时存储在 ECU 存储器（第 1 次扫描行程）。在点火开关旋至 OFF 位置再旋至 ON 位置后，如果同样故障第 2 次被检测出，则使 MIL 亮（第 2 次扫描行程）。

2. 丰田电控系统检测仪和诊断接口（DLC3）（图 3-3）

对于使用电控系统的车辆，要求使用检测仪来诊断故障并读取数据。丰田轿车专用检测仪的功能主要有读取和清除 DTC、定格数据和读取各种发动机数据、进行主动测试等。

丰田 3SZ - FE 发动机电控系统的诊断接口称为数据链路连接器（DLC3），使用 ISO 15765—4 通信协议。DLC3 的端子布局符合 ISO 15031—3 标准，且与 ISO 15765—4 格式相匹配。数据链路连接器（DLC3）的端子及作用如图 3-4 所示。

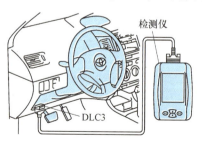

图 3-3 检测仪和诊断接口（DLC3）

单元三　诊断与排除发动机电控系统故障

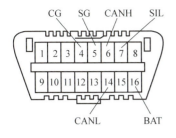

端子号码	作用
端子 4（CG）	车身搭铁
端子 5（SG）	信号线搭铁
端子 6（CANH）	CAN 总线中高电位线
端子 7（SIL）	诊断线，起到传输数据的作用
端子 14（CANL）	CAN 总线中低电位线
端子 16（BAT）	电源线，接蓄电池正极

图 3-4　丰田数据链路连接器（DLC3）的端子及作用

注　意

● 如果检测仪和 ECU 控制系统不能通信

将检测仪连接到 DLC3，将点火开关旋到 ON 位置，操作检测仪。如果检测仪无法与 ECU 控制系统通信，则车辆发动机电控系统或检测仪出现故障。

如果将检测仪连接到其他车辆后通信正常，则检查车辆的数据链路插接器 DLC3 或 ECU 电源电路。

如果将检测仪连接到其他车辆后仍不能通信，则很可能是检测仪本身有故障。按检测仪操作手册中的步骤进行自检或咨询检测仪的服务部门。

3. 读取故障码

丰田威驰轿车 3SZ－FE 发动机电控系统读取故障码的方法如下：将检测仪连接到 DLC3，将点火开关旋到 ON 位置并打开检测仪，选择 Powertrain/Engine/DTC 菜单项目，检查并记录 DTC 和定格数据。

故障码表说明了和故障码对应的检测项目、故障部位等信息，是进行故障诊断的重要依据。

4. 读取定格数据

检测到故障时，发动机电控系统会记录发动机状态（燃油系统、计算负载、发动机冷却液温度、燃油修正、发动机转速、车速等）到定格数据中。定格数据表见表 3-2。进行故障排除时，可借助定格数据判断故障发生时车辆运行还是停止、发动机是否暖机、空燃比稀还是浓及其他数据。

表 3-2　定格数据表

检测仪选项	测量项目	诊断备注
Injector	1 缸的喷射时间	
IGN Advance	点火提前	
AFM	进气支管压力	·如果大约为 0kPa，则 PIM 短路 ·如果为 120kPa 或更高，则 VCPM 断路或短路 ·PIM 断路 ·E2PM 断路
Engine SPD	发动机转速	
Coolant Temp	发动机冷却液温度	如果为 -40℃，则传感器电路断路 如果为 140℃ 或更高，则传感器电路短路
Vehicle SPD	车速	在速度表上显示的速度

5. 清除故障码

丰田威驰 3SZ-FE 发动机电控系统清除故障码的方法如下：

（1）使用检测仪清除 DTC　将检测仪连接到 DLC3，将点火开关旋至 ON 位置并打开检测仪，选择 Powertrain/Engine/DTC/Clear 菜单项目，按下 YES 按钮。

（2）不使用检测仪清除 DTC　断开蓄电池负极电缆 1min 以上或拆下 EFI 熔丝 1min 以上，即可清除 DTC。

6. 失效保护

如果电控系统检测到了表 3-3 中的故障码，则 ECM 将进入失效保护模式，以便驾驶人能暂时驾驶车辆。

表 3-3　失效保护表

DTC	零部件	失效保护操作
P0105	进气歧管绝对压力传感器	来自进气歧管压力的信号用于设定根据节气门开度、发动机转速和 IAC 开度判定的值 如果节气门开度和发动机转速均超过其设定值，则会切断燃油
P0110	进气温度传感器	来自进气温度传感器的信号用于设定恒定值
P0115	发动机冷却液温度传感器	来自发动机冷却液温度传感器的信号用于设定恒定值 散热器风扇一直工作
P0120	节气门位置传感器	来自节气门位置传感器的信号用于设定恒定值
P0136	加热型氧传感器	反馈控制变为开环控制
P0325	爆燃传感器	点火正时延迟
P1105	大气压力传感器	来自大气压力传感器的信号用于设定恒定值
P1656	凸轮轴正时控制阀	停止凸轮轴正时控制阀工作

1.4 读取数据流和主动测试

1.4 读取数据表和主动测试

在检查和确认故障症状时，常常首先采用读取数据表和主动测试的方法。这两种方法均不需要拆下发动机上的任何零部件即可进行。

1. 读取数据表

读取数据表是通过检测仪显示的数据表，检查开关、传感器和执行器的工作状态和数值。读取数据表的方法如下：将点火开关旋至 OFF 位置，将检测仪连接到 DLC3；起动发动机并使发动机暖机，选择 Powertrain/Engine/Data List 菜单项目，读取发动机电控系统动态数据。

 注　意

数据表中，正常状态下列出的值仅供参考。不能仅仅依据这些值来确定零件是否出现故障。

单元三 诊断与排除发动机电控系统故障

2. 主动测试

主动测试是通过检测仪来操作一些执行器，如继电器、真空转换阀等，判断这些零部件的工作是否正常。主动测试表见表3-4。

主动测试的方法如下：将检测仪连接到DLC3，将点火开关旋至ON位置并打开检测仪，选择Powertrain/Engine/Active Test菜单项目，进行主动测试。

表3-4 主动测试表

检测仪选项	检测项目	控制范围	诊断备注
EVAP VSV	激活VSV（EVAP）	ON或OFF	
Fuel Pump Relay	激活燃油泵	ON或OFF	
IAC Duty	控制IAC占空比	50%开或5%开	车辆：静止 发动机转速：怠速运转 蓄电池电压：8.5V或更高
TEl（TC）	连接TC和TEl	ON或OFF	
RDFN 1 stage	起动散热器风扇电动机	ON或OFF	

1.5 发动机基本检查

通过检查故障码未能确定故障时，对所有可能引起故障的电路进行故障排除。大多数情况下，按图3-5所示流程进行发动机基本检查，可以快速有效地找出故障部位。对发动机进行故障排除时，务必先执行本检查。

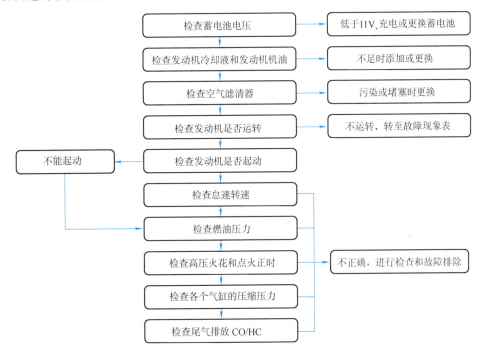

图3-5 发动机基本检查流程

注　意

发动机基本检查中检查的怠速转速指发动机的基本怠速，即发动机空转、不打开任何用电器，变速器变速杆位于空档或驻车档，并且使怠速控制阀停止工作时的怠速转速。

1.6　故障现象表

通过故障码和基本检查不能确定故障及故障原因时，可借助故障现象表进行查询，依据表中对应现象的可疑部位的顺序进行故障排除。

1.7　基本电路检查

确认了发生故障的电路系统时，应对该电路进行基本电路检查来排除故障。基本电路检查包括对线束插接器的检查，要求线束固定良好，无短路、断路、搭铁等故障现象；插接器连接良好，无接触不良等故障。

1.8　检查间歇性故障

对于间歇性故障的检查可以使用丰田检测仪进行。在进行诊断时，使用检测仪设定检查（测试）模式，此时车辆ECU的第一行程逻辑会代替第二行程检测逻辑，增强了检测电路开路的敏感性，使检查间歇性故障更容易。

 注　意

当检测仪从正常模式转换到检查测试模式（或反之）时，或者在检查模式点火开关从ON位置转到ACC位置或OFF位置时，故障码和定格数据将被删除掉。

1. 初始条件

蓄电池正极电压不小于11V；节气门全关；变速器在P位或N位；空调关掉。

2. 设定检查（测试）模式

将点火开关旋至OFF位置，将检测仪连接到仪表板下部的DLC3。将点火开关旋至ON位置，接通检测仪开关。将检测仪从正常模式转换到检查（测试）模式，发动机故障指示灯（CHK ENG）应闪烁。

3. 进行模拟测试

起动发动机后，发动机故障指示灯熄灭。模拟用户描述的故障状况，用检测仪诊断选择开关读取故障码和定格数据等。

 注　意

保持点火开关在ON位置，直到检查完故障码等内容。

单元三　诊断与排除发动机电控系统故障

4. 进行故障检查

读取故障码后，检查相应的电路、插接器和端子。

1.9　症状模拟

故障排除过程中最困难的情况是未出现故障现象。在这种情况下，必须进行全面的故障分析，并对客户车辆在发生故障时的相同或相似条件和环境下进行模拟。无论技术人员的技能或经验多么丰富，如果在故障排除时不进行故障现象确认，则可能会忽略重要修理并导致错误或延误。

例如：对于只有当发动机处于冷机状态或在不平路面上行驶时才会出现的故障，如果在发动机处于暖机状态或车辆处于静止状态时进行故障现象检查，则无法发现这些故障。振动、高温或渗水（潮湿）引起的故障难以重现，下面的故障现象模拟测试对于这些情况十分有效，并且可应用于静止车辆。

 注　意

- 故障现象模拟测试中的要点：

在故障现象模拟测试中，必须确认故障现象和故障部位或故障零件。首先，根据故障现象缩小可能的故障电路范围。然后，连接检测仪并进行故障现象模拟测试，判断被检测电路是否存在故障。同时，还要确认故障现象。参考各系统的故障现象表以缩小可能原因的范围。

1. 振动法

故障可能由振动引起时采用此方法。用手指轻轻振动可能引起故障的零部件，在垂直和水平方向轻轻晃动插接器，在垂直和水平方向轻轻晃动线束，检查是否发生故障，如图3-6所示。

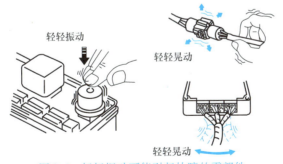

图3-6　轻轻振动可能引起故障的零部件

 注　意

- 剧烈振动继电器可能导致继电器断路。
- 对插接器接头和振动支点等重要部位需要进行彻底检查。

163

2. 加热法

如果故障可能在加热可疑部位时发生，则采用此方法。用电吹风或类似装置加热可能引起故障的零部件，检查故障是否出现，如图3-7所示。

图3-7　用电吹风加热可能引起故障的零部件

- 加热不要超过60℃，超过该温度可能会使零部件损坏。
- 严禁直接加热ECU中的零件。

3. 喷水法

故障可能发生在雨天或高湿环境时，向车辆喷水，检查故障是否出现，如图3-8所示。

图3-8　向车辆喷水

- 切勿直接向发动机室喷水，应通过向散热器前部喷水，间接改变温度和湿度。
- 切勿向电子部件直接喷水。
- 如果车辆存在或发生过漏水故障，则泄漏可能已经损坏ECU或连接部位，查找是否出现腐蚀或短路的迹象。

4. 高电气负载法

如果可能因电气负载过大出现故障，则采用此方法。打开加热器鼓风机、前照灯、后窗除雾器及其他电气设备，检查故障是否再次出现，如图3-9所示。

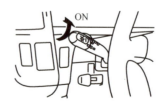

图3-9　打开前照灯等电气设备

单元三 诊断与排除发动机电控系统故障

 完成学习工作页

学习工作页1					
姓　　名		班　　级		小　　组	
日　　期		开始时间		结束时间	

1. 发动机电控系统的故障诊断中，有哪些方法可以帮助区分机械故障和电路故障？将你的想法写下来，并和同学、老师互相讨论。

2. 在检测间歇性故障中，使用检查（检测）模式有什么好处？有哪些注意事项？将你的想法写下来。在检查（检测）模式中，能否检查到正常模式下的故障？

3. 在采用故障现象模拟方法时，为了避免损伤发动机和车辆，应注意哪些事项？

4. 在本单元的故障排除基本程序中，你认为哪一个步骤实施起来最困难？为什么？有什么好的方法可以帮助你排除困难？将你的想法写下来，并和同学、老师进行讨论。

完成任务

这个任务的目的是提供按照流程诊断发动机电控系统故障的机会。在教师提供的装有电控发动机的汽车上，按照以下程序完成检查和诊断。

◆ 准备相关维修手册和维修工具。

◆ 按照维修手册的维修程序进行诊断，并填写以下表格。

◆ 回答鉴定教师可能提出的问题。

◆ 当完成任务时，鉴定教师会认为你已经掌握了发动机电控系统故障诊断流程。

1. 客户所述故障分析检查

教师提供一辆已经设置好故障的车辆，教师作为客户，来模拟汽车维修接待的过程。你首先应该认真听客户对故障现象的描述，并填写客户所述故障分析检查表。

（续）

客户所述故障分析检查表：

客户姓名		车型及年款	
驾驶人姓名		车架号	
车辆入厂日期		发动机型号	
牌照号码		里程表读数	km

故障现象	□发动机不能起动	□发动机不运转　□无初始燃烧 □燃烧不完全	
	□起动困难	□发动机运转缓慢　□其他	
	□怠速不良	□快怠速不正确　□怠速转速不正常 □高（　　r/min）　□低（　　r/min） □怠速不稳定　□其他	
	□运行性能不良	□回火　□消声器放炮（排气管喷火） □喘振　□爆燃　□其他	
	□发动机失速	□起动后不久　□踩下加速踏板后　□松开加速踏板后 □空调器工作时　□从N位换至D位时　□其他	
	□其他	□起动后不久　□踩下加速踏板后	
故障发生日期			
故障发生次数		□经常　□有时（　　次/日）　□仅1次 □其他	
故障发生的情况	天气	□良好　□多云　□下雨　□下雪 □变化无常/其他	
	车外温度	□炎热　□温暖　□凉爽　□寒冷（约　　℃）	
	地点	□公路　□郊区　□市内　□上坡　□下坡 □不平整道路　□其他	
	发动机温度	□冷态　□预热　□预热后　□任何温度　□其他	
	发动机运行情况	□起动　□刚起动后（　　min）　□怠速　□高速空转 □行驶　□恒速　□加速　□减速 □空调器开关接通/断开　□其他	
检查发动机故障指示灯状态（CHK ENG）		□持续亮　□有时亮　□不亮	

2. 读取故障码和定格数据。

列出使用的工具：

_____

单元三 诊断与排除发动机电控系统故障

（续）

检查故障码	□正常		
	□故障码1 [　　　]		
	定格数据	Injector	
		IGN Advance	
		AFM	
		Engine SPD	
		Coolant Temp	
		Vehicle SPD	
	□故障码2 [　　　]		
	定格数据	Injector	
		IGN Advance	
		AFM	
		Engine SPD	
		Coolant Temp	
		Vehicle SPD	

在当前的故障码状态下，ECU是否进入失效保护模式？如果进入失效保护模式，ECU采取的措施是什么？

_____

_____

3. 读取动态数据表和主动测试是使用检测仪判断故障的便捷的方法。根据以上内容，选择读取动态数据表和进行主动测试的项目，并将结果记录在下表中。

读取动态数据表：

测量项目	标准数据	测量数据记录	是否正常
			□是　□否
			□是　□否
			□是　□否
			□是　□否
			□是　□否

主动测试表：

测试项目	控制信号	记录执行器的状态	是否正常
			□是　□否
			□是　□否
			□是　□否

167

(续)

4. 进行发动机基本检查。

列出使用的工具和仪器：_____

列出依据的维修资料名称：_____

检查项目	测量结果	是否合格/采取措施
1）检查蓄电池电压		
2）检查发动机机油和冷却液		
3）目视检查空气滤清器滤芯有无污物、堵塞或损坏		
4）检查发动机怠速转速		
5）检查气缸压缩压力		
6）检查 CO/HC		

提示：

如果 CO/HC 浓度不符合规定，首先应检查氧传感器的工作情况。如果正常，则通过下表查找可能发生故障的原因，必要时检查并修理相应零部件。

CO	HC	问题	原因
正常	高	怠速不稳	1）点火故障 ·点火正时不正确 ·火花塞积炭、短路或间隙不恰当 2）气门间隙不正确 3）进气和排气气门漏气 4）气缸漏气
低	高	怠速不稳 （HC 读数波动）	1）真空泄漏： ·进气歧管 ·PCV 管 ·节气门体 ·ISC 阀 ·制动助力器管路 2）混合过稀导致缺火
高	高	怠速不稳 （排出黑烟）	1）空气滤清器堵塞 2）PCV 阀堵塞 3）EFI 系统故障： ·压力调节器故障 ·发动机冷却液温度传感器故障 ·空气流量计故障 ·ECU 故障 ·喷油器故障 ·节气门体故障

单元三　诊断与排除发动机电控系统故障

(续)

5. 完成电路基本检查。
在教师指定的电路上面完成电路基本检查并记录。

检查项目	主要步骤/检查结果
处理插接器	
处理线束	
检查是否断路	
检查是否短路	

6. 使用故障症状表
借助故障现象表对故障车辆进行查询，列出可疑的故障部位。

现　　象	可 疑 部 位

7. 你认为上述故障排除基本程序对排除故障有无帮助？如何灵活使用这些方法？
_____
_____
_____

 你能做到吗？

在发动机电控系统故障诊断与维修过程中，常常有误判故障部件的情况，这给客户带来经济和时间的损失，你能举例说明吗？
要想快速、准确地完成故障诊断和维修，你认为应该怎样做？
_____

 指导教师评语

_____
_____
_____

教师签字：_____　　　　　日期：_____

任务 2　诊断与排除发动机电控系统典型故障

学习目标

完成发动机电控系统的故障诊断与排除是一项复杂且有难度的任务。本任务以丰田 3SZ-FE 发动机电控系统为例进行讲解，学完本任务后要求：能够完成电控单元的电源电路检测；能够完成支管绝对压力传感器、进气温度传感器、节气门位置传感器、氧传感器、曲轴位置传感器等电路故障的诊断和排除；能够完成混合气过稀或过浓故障的诊断与排除；能够完成单个/多个气缸缺火故障的诊断与排除。

学习信息

2.1 检测电子控制模块的电源电路故障

2.1 检测电子控制模块的电源电路故障

电子控制模块（ECM）电源电路分成两个电路：一是备用电源电路，该电源使ECM存储数据，如DTC记录、定格数据和燃油修正值，在备用电源电路中，即使点火开关在OFF位置，蓄电池也给ECM供电；二是工作电源电路，将点火开关旋至ON位置时，蓄电池电压被施加到ECM的端子IGSW上。ECM MRO输出信号使电流流向EFI继电器线圈，EFI继电器触点闭合并向ECM的端子+B供电，使电子控制模块工作。ECM电源电路如图3-10所示。

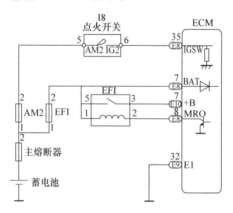

图3-10　ECM电源电路

1. 备用电源电路

如果蓄电池电压降至最低限值以下，则ECM存储的数据会清除，且ECM判定电源电路存在故障，并存储故障码，见表3-5。

表3-5　ECM电源电路故障码

DTC	DTC检测条件	故障部位
P1560	满足下列条件1s或更长时间（单程检测逻辑）： 1）+B端子电压为10V或更高 2）BAT端子电压为4.9V或更低	● 备用电源电路断路 ● ECM

注　意

丰田电控系统存储DTC时，ECM将车辆和行驶条件信息记录为定格数据。进行故障排除时，使用检测仪读取定格数据，可判断故障发生时车辆运行还是停止、发动机是否暖机、空燃比稀还是浓及其他数据。

ECM 备用电源电路故障的检查步骤如下：

1）检查 ECM 到 EFI 熔丝的线束和插接器。从发动机室 1 号继电器盒上拆下 EFI 熔丝（图 3-11），断开 ECM 插接器 E8。检测 EFI 熔丝到 ECU 插接器 E8 之间的电路是否正常，如果异常，修理或更换线束或插接器。

2）检查是否再次输出 DTC。如果仍然输出 DTC P1560，则更换 ECM。

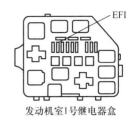

图 3-11　EFI 熔丝位置图

2. ECM 工作电源电路

ECM 工作电源电路故障的检查步骤如下：

（1）检查 ECU 的 +B 电压　将点火开关旋至 ON 位置，测量 ECM 插接器端子（+B－E1）间的电压，标准电压应为 11~14V。如果异常，进行下一步检查。

 注　意

- 切勿从 ECU 上断开插接器。从线束侧插接器的后侧进行检查。
- 如果没有指定测量条件，在发动机停止并且点火开关旋至 ON 位置的情况下进行检查。
- 检查并确认插接器完全就位。检查配线是否松动、腐蚀或破裂。

（2）检查 ECM 到车身搭铁的线束和连接器　拆下蓄电池负极电缆，断开 ECM 插接器 E9，检查插接器端子 E1 到车身搭铁电阻，应小于 1Ω。如果不符合标准，应修理或更换线束或插接器。

（3）检查 ECM 的 IGSW 电压　将点火开关旋至 ON 位置，测量 ECM 插接器端子间（IGSW－E1）的电压，标准电压应为 11~14V。如果不符合标准，进行下一步检查。如果正常，则转至步骤（6）。

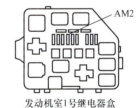

图 3-12　AM2 熔丝位置图

（4）检查熔丝 AM2　从发动机室 1 号继电器盒上拆下 AM2 熔丝（图 3-12），检查 AM2 熔丝电阻，标准电阻应小于 1Ω。如果不符合标准，检查与熔丝连接的所有线束和插接器是否短路并更换熔丝。

（5）检查点火或起动机开关总成　断开点火开关连接器 I8，检查电阻。检测方法和规定电阻值如图 3-13 所示。

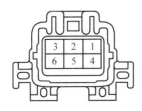

点火开关位置	检测仪连接	规定电阻值
LOCK	所有端子	≥10kΩ
ACC	1－3	<1Ω
ON	1－2－3 4－5	<1Ω
START	1－2 4－5－6	<1Ω

图 3-13　点火开关插接器及检测

如果不符合标准，更换点火或起动机开关总成，否则，检查并修理蓄电池到点火开关、点火开关到 ECM 的线束或插接器。

（6）检查 ECM 的 MRO 电压　将点火开关旋至 ON 位置，测量 ECM 插接器端子（MRO—E1）间的电压，标准电压应低于 1V。如果不符合标准电压，更换 ECM。

（7）检查 EFI 熔丝　从发动机室 1 号继电器盒上拆下 EFI 熔丝，检查 EFI 熔丝，标准电阻应小于 1Ω。如果不符合标准，检查与熔丝连接的所有线束和插接器是否短路并更换熔丝。

（8）检查 EFI 继电器　从发动机室 1 号继电器盒上拆下 EFI 继电器，检查 EFI 继电器。如果不符合标准，更换 EFI 继电器。

（9）检查 EFI 继电器到 ECM、EFI 继电器到蓄电池正极的线束和插接器　从发动机室 1 号继电器盒上拆下 EFI 继电器，断开 ECM 插接器 E8 和 E10，检查发动机室 1 号继电器盒到 ECM 插接器端子、蓄电池正极端子之间的线束，应正常。如果不符合标准，修理或更换线束或插接器。

3. 检查 ECU 搭铁电路

1）测量 ECU 搭铁端子与车身搭铁间的电阻（图 3-14），标准电阻应小于 1Ω。

2）断开 ECU 插接器，检查 ECU 侧和线束侧的搭铁端子是否弯曲、腐蚀或存有异物，并检查阴端子的接触压力（图 3-15）。如果有故障，则进行修理。

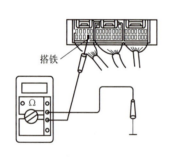

图 3-14　检查 ECU 搭铁电路

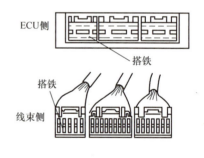

图 3-15　检查 ECU 端子

2.2 诊断与排除歧管绝对压力传感器故障

2.2 诊断与排除进气歧管绝对压力传感器电路故障

进气歧管绝对压力传感器监控进气歧管内的绝对压力（即相对于 0kPa 的压力值）。因此，ECM 可在任何驾驶条件下将空燃比控制在适当水平，不受海拔等因素的影响。进气歧管绝对压力传感器电路如图 3-16 所示。

图 3-16　进气歧管绝对压力传感器电路

进气歧管绝对压力传感器信号电压随压力的变化如图3-17所示。

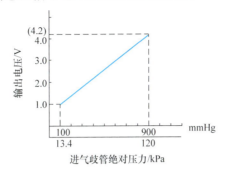

图3-17 进气歧管绝对压力传感器信号电压随压力的变化

当ECM检测到进气歧管绝对压力传感器故障时，会存储故障码（表3-6），并且进入失效保护模式，以便驾驶人能暂时驾驶车辆。

表3-6 进气歧管绝对压力传感器故障码

DTC	DTC检测条件	故障部位
P0105	进气歧管绝对压力传感器电路断路或短路0.5s或更长时间（单程检测逻辑）	进气歧管绝对压力传感器电路断路或短路 进气歧管绝对压力传感器 ECM

进气歧管绝对压力传感器电路故障的检查步骤如下：

1. 使用检测仪读取值进气歧管绝对压力值

将检测仪连接到DLC3，将点火开关旋至ON位置并打开检测仪，选取读取动态数据表，读取AFM（进气支管压力值），标准值应与实际大气压力值相同。

如果读数为0kPa，则可能是PIM短路；如果读数为120kPa或更高，则故障可能为VCPM断路或短路、PIM断路、E2PM断路。

如果读取数值正常，检查是否存在间歇性故障，否则，进行下一步检查。

2. 检查ECM端子VC电压

将点火开关旋至ON位置，测量ECM插接器（VCPM－E2PM）的电压，标准值应为4.5～5.5V。如果异常，更换ECM，否则，进行下一步检查。

3. 检查进气歧管绝对压力传感器

将点火开关旋至ON位置，测量ECM插接器（PIM－E2PM）的电压，使用真空泵将传感器内空气排出，此时标准电压应为3.1～4.1V。如果正常，更换ECM；否则，进行下一步检查。

4. 检查进气歧管绝对压力传感器到ECM线束和插接器

断开进气歧管绝对压力传感器插接器V1（图3-18），断开ECM插接器E9。检测进气歧管绝对压力传感器到ECM插接器之间的电路是否正常，如果异常，修理或更换

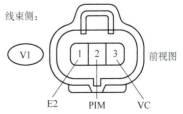

图3-18 进气歧管绝对压力传感器插接器

线束或插接器；否则，更换进气歧管绝对压力传感器。

2.3 诊断与排除进气温度传感器电路故障

2.3 诊断并排除进气温度传感器故障

进气温度（IAT）传感器监控进气温度信号。进气温度传感器的信号电压随进气温度的变化如图 3-19 所示。

5V 电压经电阻器 R 施加到 IAT 传感器上，电阻器 R 和 IAT 传感器串联，当 IAT 传感器的电阻值变化时，端子 THA 上的电压也会发生变化。进气温度传感器电路如图 3-20 所示。

当 ECM 检测到进气温度传感器电路故障时，会存储故障码（表3-7），并且进入失效保护模式，以便驾驶人能暂时驾驶车辆。

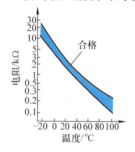

图 3-19　进气温度传感器的
信号电压随进气温度的变化

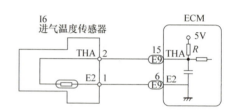

图 3-20　进气温度传感器电路

表 3-7　进气温度传感器故障码

DTC	DTC 检测条件	故 障 部 位
P0110	IAT 传感器电路断路或短路 0.5s（单程检测逻辑）	● IAT 传感器电路断路或短路 ● IAT 传感器 ● ECM

注　意

如果同时还输出了不同系统的其他 DTC，且这些系统是以端子 E2 作为搭铁端子时，则端子 E2 可能断路。

进气温度传感器电路故障的检查步骤如下。

1. 使用检测仪读取进气温度值

将检测仪连接到 DLC3，将点火开关旋至 ON 位置并打开检测仪，选取读取动态数据表，读取 Intake Air Temp（进气温度值），标准值应与实际进气温度相同。

如果检测仪显示 -40℃，则存在断路故障，进行下一步检查。

如果检测仪显示 140℃ 或更高，则存在短路故障，转至步骤 3。如果检测仪显示与实际 IAT 相同，则检查间歇性故障。

2. 使用检测仪读取值（检查线束是否断路）

断开进气温度（IAT）传感器插接器 I6（图3-21），连接 IAT 传感器线束侧插接器的端子 THA 和 E2（图3-22），将检测仪连接到 DLC3，将点火开关旋至 ON 位置并打开检测仪，选取读取动态数据表，读取 Intake Air Temp（进气温度值），此时应显示为 140℃ 或更高。

如果显示正常，首先确认传感器连接良好。如果连接良好，则更换进气温度传感器；否则，进行下一步检查。

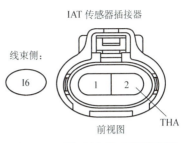

图 3-21　进气温度传感器插接器

3. 使用检测仪读取值（检查线束是否短路）

断开 IAT 传感器插接器 I6（图3-23），将检测仪连接到 DLC3，将点火开关旋至 ON 位置并打开检测仪，选取读取动态数据表，读取 Intake Air Temp（进气温度值），此时应显示为 -40℃。

如果检测仪显示为 -40℃，首先确认传感器连接良好，如果连接良好，则更换进气温度传感器；否则，进行下一步检查。

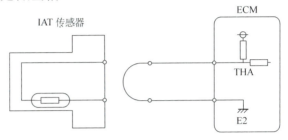

图 3-22　连接 IAT 传感器线束侧插接器的端子 THA 和 E2

4. 检查进气温度传感器到 ECM 线束和插接器

断开 IAT 传感器插接器 I6，断开 ECM 插接器 E9，检查传感器插接器到 ECM 插接器之间的电路是否正常。如果异常，修理或更换线束或插接器。如果正常，确认 ECM 连接良好，如果连接良好，则更换 ECM。

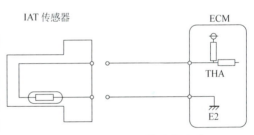

图 3-23　断开 IAT 传感器端子

2.4　诊断与排除节气门位置传感器电路故障

节气门位置（TP）传感器检测节气门的开度。节气门全关时，传感器将 0.4~0.8V 的信号电压传送至 ECM 的端子 VTH，此信号电压与节气门开度按比例升高，节气门全开时达到 3.2~4.8V。ECM 根据这些信号来判定车辆行驶状况，并利用这些信息来计算空燃比修正、功率提高修正和燃油切断控制。节气门位置传感器电路如图 3-24 所示。

2.4　燃油供给系统压力释放和检查

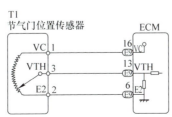

图 3-24　节气门位置传感器电路

175

当 ECM 检测到节气门位置传感器电路故障时，会存储故障码（表 3-8），并且进入失效保护模式，以便驾驶人能暂时驾驶车辆。

表 3-8 节气门位置传感器故障码

DTC	DTC 检测条件	故障部位
P0120	节气门位置传感器电路断路或短路 0.5s 或更长时间（单程检测逻辑）	● TP 传感器电路断路或短路 ● TP 传感器 ● ECM

节气门位置传感器电路故障的检查步骤如下。

1. 使用检测仪读取节气门开度值

将检测仪连接到 DLC3，将点火开关旋至 ON 位置并打开检测仪，选取读取动态数据表 Throttle POS（节气门位置值）项，松开和踩下加速踏板（图 3-25）时，读取检测仪上显示的值。

图 3-25 松开和踩下加速踏板

当加速踏板从松开到踩下时，节气门开度约为 0%～75%，则检查间歇性故障。当加速踏板松开到踩下时，节气门开度为恒定值，则进行下一步检查。

2. 检查节气门位置传感器

断开节气门位置（TP）传感器插接器 T1，测量 TP 传感器端子间的电阻。测量方法如图 3-26 所示。

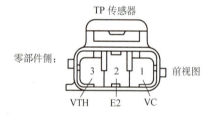

检测仪连接	节气门位置	规定状态
VC(1) - E2(2)	—	2.5～5.0kΩ
VTH(3) - E2(2)	全关	0.3～5.8kΩ
VTH(3) - E2(2)	全开	1.98～9.16kΩ

图 3-26 TP 传感器端子和测量方法

如果检测结果异常，更换节气门位置传感器；否则，进行下一步检查。

3. 检查 ECM 到节气门位置传感器线束和插接器

断开节气门位置传感器插接器 T1 和 ECM 插接器 E9，检测节气门位置传感器插接器（图 3-27）到 ECM 插接器之间的电路是否正常。如果异常，修理或更换线束或插接器；否则，更换 ECM。

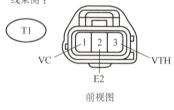

图 3-27 TP 传感器插接器

2.5 诊断与排除氧传感器电路故障

为了最有效地利用三元催化转化器，精确控制空燃比，ECM 采用了两个加热型氧（HO2）传感器。由于使用了加热器，即使在进气量低时（废气温度低）也能检测出氧浓度。氧传感器 1 指安装在三元催化转化器（TWC）前，位于发动机总成附近的传感器。氧传感器 2 指安装在三元催化转化器（TWC）后，远离发

2.5 诊断与排除氧传感器电路故障

动机总成的传感器。

ECM 利用来自氧传感器 1 的信息，来判断经过 TWC 处理前的空燃比是浓还是稀，并相应地调整燃油喷射时间。空燃比稀时，废气中的氧浓度高，氧传感器 1 输送低于 0.45V 的电压信号到 ECM。相反地，空燃比高于理论空燃比时，废气中氧浓度低，氧传感器 1 输送高于 0.45V 的电压信号 ECM。

ECM 利用来自氧传感器 2 的信息，来判断经过 TWC 处理后的空燃比浓还是稀，从而判断 TWC 的转换效率是否正常。

氧传感器电路如图 3-28 所示。

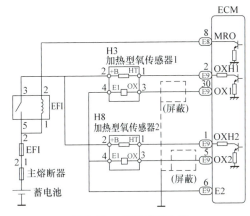

图 3-28　氧传感器电路

当 ECM 检测到氧传感器 1 或氧传感器 2 电路故障时，会存储故障码（表 3-9）。

表 3-9　氧传感器电路故障码

DTC	DTC 检测条件	故 障 部 位
P0130 氧传感器 1 电路故障	发动机起动后，满足条件 a) 和 b) 持续 400s 或更长时间（双程检测逻辑）。 a) 发动机暖机后其发动机转速低于 2500r/min b) 加热型氧传感器的输出电压持续低于 0.3V 或高于 0.6V	● 氧传感器 1 电路断路或短路 ● 氧传感器 1 ● 氧传感器 1 加热器 ● EFI 继电器 ● 进气系统 ● 燃油压力 ● 喷油器 ● ECM
P0133 氧传感器 1 电路响应较慢	发动机起动后，满足条件 a) 和 b) 持续 400s 或更长时间（双程检测逻辑）。 a) 发动机暖机后其转速低于 2500r/min b) 加热型氧传感器的输出电压从浓改变至稀或从稀改变至浓的响应时间为 2s 或更长时间	
P0135 氧传感器 1 加热器电路 故障	加热型氧传感器加热器电路断路或短路 1.2s 或更长时间（双程检测逻辑）	● 氧传感器 1 加热器电路断路 ● 氧传感器 1 加热器 ● EFI 继电器 ● ECM
P0136 氧传感器 2 电路故障	发动机暖机后，满足条件 a) 和 b) 持续 500s 或更长时间（双程检测逻辑）。 a) 反馈控制期间。 b) 加热型氧传感器 2 电路断路或信号输入不足	● 氧传感器 2 电路断路或短路 ● 氧传感器 2 ● 氧传感器 2 加热器 ● ECM
P0141 氧传感器 2 加热器电路 故障	加热型氧传感器 2 加热器电路断路或短路 1.2s 或更长时间（双程检测逻辑）	● 氧传感器 2 加热器电路断路 ● 氧传感器 2 加热器 ● EFI 继电器 ● ECM

1. 输出故障码 P0130 和 P0133 时的检查步骤

（1）**检查是否输出其他 DTC** 连接检测仪，读取是否有其他故障码。如果输出 P0130 和 P0133 以外的其他 DTC，则首先进行这些 DTC 的故障排除。

（2）**使用检测仪读取氧传感器 1 的输出电压值** 将检测仪连接到 DLC3，将点火开关旋至 ON 位置并打开检测仪，选取读取动态数据表，起动并使发动机暖机，使发动机以 2500r/min 的转速运转 90s，在发动机怠速时读取 O2S B1 S1（氧传感器 1 的输出电压值），可低于 0.35V 和高于 0.45V，且波动周期 t 小于 2s（图 3-29）。

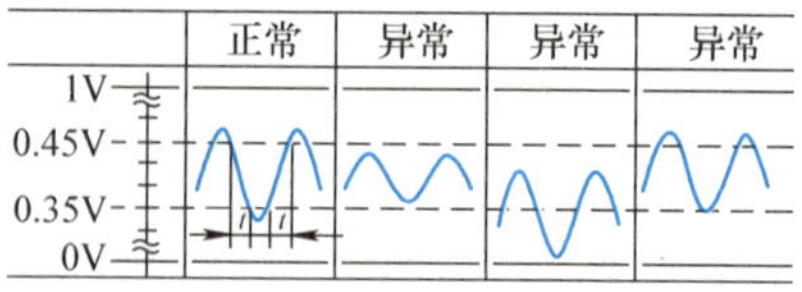

图 3-29 氧传感器电压信号

如果信号电压正常，则转至步骤（9）。否则，进行下一步检查。

（3）**检查加热型氧传感器的加热器电阻** 断开加热型氧传感器 1 插接器 H3（图 3-30），测量端子 1 和端子 2 之间的电阻，标准电阻：20℃时为 4.7~7.2Ω。

如果异常，更换加热型氧传感器；否则，进行下一步检查。

（4）**检查 EFI 继电器**

（5）**检查加热型氧传感器 1 到 ECM 线束和插接器** 断开氧传感器 1 插接器 H3（图 3-31），断开 ECM 插接器 E9，检测氧传感器 1 插接器到 ECM 插接器之间的电路是否正常。

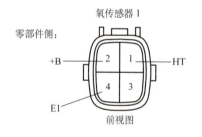

图 3-30 氧传感器 1 插接器（零部件侧）

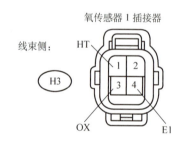

图 3-31 氧传感器 1 插接器（线束侧）

（6）**检查进气系统** 检查进气系统是否有真空泄漏，如果进气系统有泄漏，修理或更换进气系统。否则，进行下一步检查。

（7）**检查燃油压力** 检查燃油压力，应为 304~343kPa。如果不符合标准，修理或更换燃油系统；否则，进行下一步检查。

（8）**检查喷油器** 检查喷油器喷射情况喷油量及喷射模式是否良好，标准喷油量应为 47~58cm³/15s。如果异常，更换喷油器总成；否则，更换加热型氧传感器。

（9）**执行行驶模式**（图 3-32）

第 1 步：将检测仪连接到 DLC3，将点火开关旋至 ON 位置并打开检测仪，清除 DTC。

第 2 步：起动发动机并预热，以高于 10km/h 的速度驱动车辆 10s 或更长时间。然后使发动机怠速运转大约 400s 或更长时间，

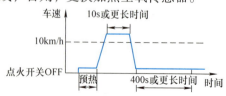

图 3-32 执行行驶模式

将点火开关旋至 OFF 位置。

第 3 步：重复第 2 步步骤，以设置 DTC（使用双程检测逻辑）。

注 意

- 执行确认行驶模式前应清除所有 DTC。
- 如果仍存在故障，则 MIL 亮。
- 如果不严格遵循此测试中的条件，则可能检测不到故障。

（10）检查是否再次输出 DTC　连接将检测仪，检查是否再次输出 DTC P0130。如果输出故障码，则更换加热型氧传感器。如果没有输出故障码，则检查是否存在间歇性故障。

2. 输出故障码 P0135 和 P0141 时的检查步骤

（1）检查加热型氧传感器的加热器电阻　断开加热型氧传感器 1 的插接器 H3，测量加热型氧传感器端子 1 和 2 之间的电阻。传感器 1 的标准电阻：20℃时为 4.7~7.2Ω。

断开加热型氧传感器 2 的插接器 H8（图 3-33），测量加热型氧传感器端子 1 和 2 之间的电阻。传感器 2 的标准电阻：20℃时为 11~16Ω。

如果不符合标准，更换加热型氧传感器；否则，进行下一步检查。

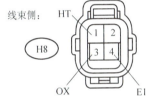

图 3-33　氧传感器 2 插接器

（2）检查 EFI 继电器

（3）检查 ECM 的 OXH1 和 OXH2 的电压　将点火开关旋至 ON 位置，测量 ECM 插接器（OXH1 - E1、OXH2 - E1）的电压，标准值应为 11~14V。其中，OXH1 是加热型氧传感器 1 加热器的端子；OXH2 是加热型氧传感器 2 加热器的端子。

如果正常，检查间歇性故障；如果不符合标准值，进行下一步检查。

（4）检查氧传感器到 ECM、氧传感器到 EFI 继电器的线束和插接器

1）检查 ECM 和加热型氧传感器之间的线束：断开 ECM 插接器 E9，断开加热型氧传感器插接器 H3 或 H8，检测氧传感器到 ECM 插接器之间的电路是否正常。

2）检查加热型氧传感器和 EFI 继电器间的线束：断开加热型氧传感器插接器 H3 或 H8，从发动机室 1 号继电器盒上拆下 EFI 继电器，检测氧传感器到 EFI 继电器插接器之间的电路是否正常。

如果异常，修理或更换线束或连接器；如果正常，更换 ECM。

3. 输出故障码 P0136 时的检查步骤

（1）检查输出其他 DTC　连接检测仪，读取是否有其他故障码。如果输出 P0130 和 P0133 以外的其他 DTC，则首先进行这些 DTC 的故障排除。

（2）使用检测仪读取氧传感器 2 的输出电压值　将检测仪连接到 DLC3，将点火开关旋至 ON 位置并打开检测仪，选取读取动态数据表，起动并使发动机暖机，使发动机以 2500r/min 的转速运转 3min，然后快速踩下加速踏板（直到发动机转速达到 4000r/min）

3次。读取02S B1 S2（氧传感器2的输出电压值），可低于0.4V和高于0.5V（图3-34）。

如果信号电压正常，则转至步骤4。否则，进行下一步检查。

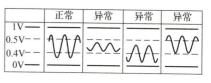

图3-34 氧传感器电压信号

（3）检查氧传感器2到ECM的线束和连接器 断开氧传感器2插接器H8，断开ECM插接器E9，检测氧传感器2插接器到ECM插接器之间的电路是否正常。

如果异常，修理或更换线束或插接器；如果正常，则更换加热型氧传感器。

（4）执行行驶模式（图3-35）

第1步：将检测仪连接到DLC3，将点火开关旋至ON位置并打开检测仪，清除DTC。

第2步：起动发动机，使发动机怠速运转500s或更长时间，以高于70km/h的车速驱动车辆50s或更长时间，将点火开关旋至OFF位置。

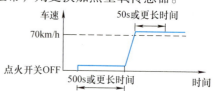

图3-35 执行行驶模式

第3步：重复第2步步骤，以设置DTC（使用双程检测逻辑）。

（5）检查是否再次输出DTC 连接检测仪，检查是否再次输出DTC P0136。如果输出故障码，则更换加热型氧传感器。如果没有输出故障码，则检查是否存在间歇性故障。

2.6 诊断与排除曲轴位置传感器电路故障

2.6 检查曲轴位置传感器

ECM根据曲轴位置（CKP）传感器信号可计算出曲轴位置和发动机转速。曲轴位置传感器电路如图3-36所示。

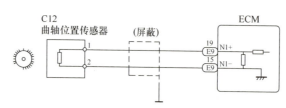

图3-36 曲轴位置传感器电路

曲轴位置传感器由铜线绕组、铁心和磁铁组成，信号盘安装在曲轴上，有30个齿。信号盘旋转时，随着各齿经过传感器便产生一个脉冲信号，发动机每转产生30个信号。用示波器检查，正确的波形如图3-37所示。

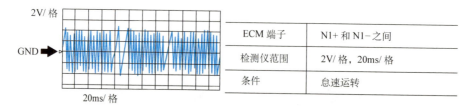

图3-37 曲轴位置传感器信号电压波形

单元三　诊断与排除发动机电控系统故障

屏蔽线搭铁错误会导致波形受到干扰。

当 ECM 检测到曲轴位置传感器电路故障时，会存储故障码（表 3-10）。

表 3-10　曲轴位置传感器电路故障代码

DTC	DTC 检测条件	故 障 部 位
P0335	起动机运行期间，2s 或更长时间（单程检测逻辑）无 CKP 传感器信号发送到 ECU	● CKP 传感器电路断路或短路 ● CKP 传感器 ● CKP 信号盘 ● ECM

曲轴位置传感器电路故障的检查步骤如下。

1. 使用检测仪读取发动机转速值

将检测仪连接到 DLC3，将点火开关旋至 ON 位置并打开检测仪，选取读取动态数据表，起动发动机，在发动机运转时读取 Engine SPD（发动机转速值），标准值应与发动机转速相同。

如果发动机不能起动，则应在其转动时检查发动机转速。如果在检测仪上显示的发动机转速持续为零，则曲轴位置传感器电路可能断路或短路。

如果检测仪显示与实际发动机转速相同，则检查间歇性故障；否则，进行下一步检查。

● 即使发动机正常运转，发动机转速也可能显示为零，这是因为未收到曲轴位置（CKP）传感器的 NE 信号而导致的。
● 如果 CKP 传感器输出电压不足，则显示的发动机转速可能低于发动机实际转速。

2. 检查曲轴位置传感器电阻

断开曲轴位置传感器插接器 C2，测量端子 1 和 2 间的电阻，如图 3-38 所示。

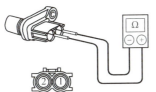

温度（指传感器线圈温度）	规定状态
冷态（-10～50℃）	1630～2740Ω
热态（50～100℃）	2065～3225Ω

图 3-38　测量曲轴位置传感器电阻

冷态和热态指线圈温度。冷态指 -10～50℃，热态指 50～100℃。

181

如果测量值不符合标准，更换曲轴位置传感器；否则，进行下一步检查。

3. 检查曲轴位置传感器到 ECM 线束和插接器

断开 CKP 传感器插接器 C2（图 3-39），断开 ECM 插接器 E9，检查传感器插接器到 ECM 插接器之间的电路是否正常。

如果异常，修理或更换线束或插接器。

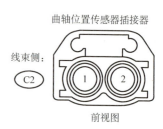

图 3-39　曲轴位置传感器插接器

4. 检查曲轴位置传感器的安装情况

检查 CKP 传感器的安装情况（图 3-40）。如果异常，重新牢固地安装传感器；否则，进行下一步检查。

5. 检查曲轴位置信号盘齿

检查信号盘齿没有破裂或变形。如果异常，更换曲轴位置信号盘；如果正常，则更换 ECM。

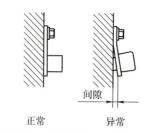

图 3-40　曲轴位置传感器的安装

注　意

如果通过诊断故障排除步骤未能找出故障，则对发动机机械系统进行故障排除。

2.7　诊断与排除混合气过稀/过浓故障

2.7 诊断与排除混合器过稀或过浓故障

喷射系统的基本喷油时间由进气量信号和发动机转速信号确定。燃油修正值与反馈补偿值有关，而与基本喷油时间无关。

燃油修正包括短期燃油修正和长期燃油修正。短期燃油修正是指根据加热型氧传感器的信号将空燃比保持在理论值的燃油补偿值。由于各个发动机之间存在差异、超时磨损和工作环境的改变，需要长期燃油修正来控制总体燃油补偿值。

喷油器电路如图 3-41 所示。

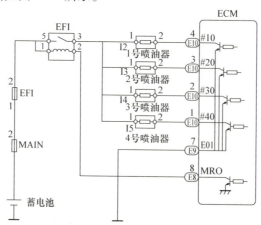

图 3-41　喷油器电路图

单元三　诊断与排除发动机电控系统故障

如果短期燃油修正值和长期燃油修正值都比预定值偏稀或偏浓，则 ECM 会将此判定为故障，MIL 亮起并设置 DTC（表 3-11）。

表 3-11　混合气过稀/过浓故障码

DTC	DTC 检测条件	故　障　部　位
P0171 混合气过稀	满足条件 a）和 b）持续 60s 或更长时间（双程检测逻辑）： a）发动机暖机后，在正常空燃比反馈控制下车辆以 70km/h 的速度行驶 b）燃油修正在增大侧校正过度（大约 +40%）	● 进气系统 ● PCV 阀和软管 ● PCV 软管连接 ● 喷油器堵塞 ● 支管绝对压力传感器 ● 发动机冷却液温度传感器 ● 燃油压力 ● 排气系统漏气 ● 加热型氧传感器 1 电路断路或短路 ● 加热型氧传感器 1 ● 加热型氧传感器 1 加热器 ● EFI 继电器 ● 燃油耗尽 ● ECM
P0172 混合气过浓	满足条件 a）和 b）持续 60s 或更长时间（双程检测逻辑）： a）发动机暖机后，在正常空燃比反馈控制下车辆以 70km/h 的速度行驶 b）燃油修正在减小侧校正过度（大约 -35%）	● 喷油器泄漏或堵塞 ● 支管绝对压力传感器 ● 发动机冷却液温度传感器 ● 点火系统 ● 燃油压力 ● 排气系统漏气
P0172 系统过浓		● 加热型氧传感器 1 电路断路或短路 ● 加热型氧传感器 1 ● 加热型氧传感器 1 加热器 ● EFI 继电器 ● ECM

提　示

● 如果车辆燃油耗尽，则混合气偏稀且可能记录 DTC P0171，MIL 随后亮起。
● 如果短期燃油修正值和长期燃油修正值的总和小于 25%（且 ETC 温度高于 75℃），则系统功能正常。

混合气过稀/过浓故障的检查步骤如下。

1. 检查输出其他 DTC

连接检测仪，读取是否有其他故障码。如果输出 P0171 和 P0172 以外的其他 DTC，则首先进行这些 DTC 的故障排除。

2. 使用检测仪读取支管绝对压力值

将检测仪连接到 DLC3，将点火开关旋至 ON 位置并打开检测仪，选取读取动态数据表 Coolant Temp and AFM（发动机冷却液温度和支管绝对压力值）项，使发动机怠速运转直至冷却液温度达到 75℃ 或更高。

当发动机停止时，读取 AFM 值，应为 70~104kPa；当发动机怠速时（档位处于空档，空调关闭），读取 AFM 值，应为 20~40kPa。

如果异常，更换进气歧管绝对压力传感器。否则，进行下一步检查。

3. 使用检测仪读取冷却液温度值

将检测仪连接到 DLC3，将点火开关旋至 ON 位置并打开检测仪，选取读取动态数据表 Coolant Temp（发动机冷却液温度值）项，发动机冷机和暖机两种情况下，两次读取冷却液温度。

当发动机冷机时，显示值应与环境温度相同；当发动机暖机时，显示值应为 80~102℃。

如果异常，更换发动机冷却液温度传感器；否则，进行下一步检查。

4. 检查 PCV 软管连接情况

检查 PCV 软管连接情况，PCV 软管连接应正确且无损坏。如果异常，修理或更换 PCV 软管；否则，进行下一步检查。

5. 检查进气系统

检查进气系统是否有真空泄漏。如果进气系统有泄漏，修理或更换进气系统；否则，进行下一步检查。

6. 检查火花和点火情况

如果异常，修理或更换点火系统；否则，进行下一步检查。

7. 检查废气是否泄漏

检查废气是否泄漏。如果有气体泄漏，修理或更换排气系统；否则，进行下一步检查。

8. 检查燃油压力

检查燃油压力，应为 304~343kPa。如果不符合标准，修理或更换燃油系统；否则，进行下一步检查。

9. 检查喷油器

检查喷油器喷射情况，喷油量及喷射模式是否良好，标准喷油量应为 47~58cm^3/15s。如果异常，更换喷油器总成；否则，进行下一步检查。

10. 使用检测仪读取氧传感器 1 的输出电压值

将检测仪连接到 DLC3，将点火开关旋至 ON 位置并打开检测仪，选取读取动态数据表 O_2S B1 S1（加热型氧传感器 1 的输出电压值）项，起动并使发动机暖机，使发动机以 2500r/min 的转速运转 90s，然后在发动机怠速时读取加热型氧传感器电压。

正常情况下加热型氧传感器电压可低于 0.3V 和高于 0.6V（图3-42）。如果检测结果异常，转至步骤13；否则，进行下一步检查。

注 意

- 加热型氧传感器 1 的高电压（0.5V 或更高）表示混合气偏浓。
- 加热型氧传感器 1 的低电压（0.4V 或更低）表示混合气偏稀。

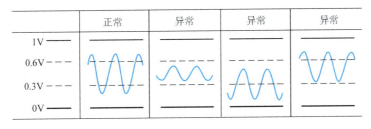

图 3-42　氧传感器电压波形

11. 执行行驶模式（图 3-43）

第 1 步：拆下蓄电池负极电缆至少 1min，以清除空燃比补偿值。

第 2 步：将检测仪连接到 DLC3，将点火开关旋至 ON 位置并打开检测仪。

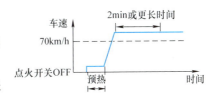

图 3-43　执行行驶模式

第 3 步：起动发动机并预热，以高于 70km/h 的速度驱动车辆 2min 或更长时间，将点火开关旋至 OFF 位置。

第 4 步：重复第 3 步步骤，以设置 DTC（使用双程检测逻辑）。

 注　意

- 执行确认行驶模式前，应清除所有 DTC。
- 如果仍存在故障，则 MIL 亮起。
- 如果不严格遵循此测试中的条件，则可能检测不到故障。

12. 检查是否再次输出 DTC

连接检测仪，检查是否再次输出 DTC P0171 或 P0172。如果没有输出故障码，转至步骤 19。如果输出故障码，则进行下一步检查。

13. 检查氧传感器加热器电阻

14. 检查 EFI 继电器

15. 检查氧传感器 1 到 ECM 线束和插接器

断开氧传感器 1 插接器 H3，将点火开关旋至 ON 位置，测量氧传感器插接器端子 +B 与车身搭铁间的电压，应为 11～14V。

将点火开关旋至 OFF 位置，断开 ECM 插接器 E9，检测氧传感器 1 插接器到 ECM 插接器之间的电路是否正常。

如果异常，修理或更换线束或插接器；否则，进行下一步。

16. 更换加热型氧传感器 1

17. 执行确认行驶模式

执行确认行驶模式，方法同第 11 步。

18. 检查是否再次输出 DTC

连接检测仪，检查是否再次输出 DTC P0171 或 P0172。如果输出故障码，则更换

ECM；否则，进行下一步检查。

19. 确认车辆是否曾耗尽燃油

如果车辆曾耗尽燃油，则 DTC 由燃油耗尽引起；否则，检查间歇性故障。

2.8 诊断与排除单个/多个气缸缺火

2.8 诊断与排除单缸缺火故障

发动机缺火时，未燃烧的混合气进入废气中，增大废气中 HC 排放量，而高浓度的 HC 可能使三元催化转化器温度升高而损坏。为了避免排放量的增加以及高温可能造成的损坏，ECM 会监测发动机缺火率。

点火器检测由燃烧产生的离子电流并将电压信号并输入 ECM，ECM 判定存在缺火并计算检测到的缺火数目。如果缺火数目达到或超过规定值，则 ECM 使 MIL 亮起以表示存在故障；如果缺火数目达到或超过催化剂可能过热的点，则 ECM 使 MIL 闪烁。单个/多个气缸缺火的故障码见表 3-12。

表 3-12 单个/多个气缸缺火的故障码

DTC	DTC 检测条件	故 障 部 位
P0300 检测到多个气缸缺火	检测到几个气缸同时缺火（双程检测逻辑）	● 发动机线束断路或短路 ● 插接器连接 ● 真空软管连接 ● 点火系统 ● 喷油器 ● 燃油压力 ● 进气歧管绝对压力（MAP）传感器 ● 发动机冷却液温度（ECT）传感器 ● 压缩压力 ● 气门间隙 ● 气门正时 ● PCV 阀和软管 ● PCV 软管连接 ● 进气系统 ● ECM
P0301 检测到 1 号气缸缺火 P0302 检测到 2 号气缸缺火 P0303 检测到 3 号气缸缺火 P0304 检测到 4 号气缸缺火	在条件 a）和 b）下曲轴转动 200 转的缺火率高于临界值 3 次（双程检测逻辑） a）发动机怠速运转 b）车辆以 30~70km/h 的速度行驶	

 注　意

● 如果车辆送修时未再次出现缺火，则在定格数据反映的发动机状况进行检查。定格数据中的冷却液温度低于 75℃时，仅在发动机暖机时发生缺火。

● 如果再现定格数据反映的发动机状况时未再次出现缺火，则可能的原因有：燃油油位低、使用的燃油不当、火花塞脏污，或是多种原因的复杂故障。

单个/多个气缸缺火故障的检查步骤如下。

1. 检查输出其他 DTC

连接检测仪，读取是否有其他故障码。如果输出 P0300、P0301、P0302、P0303 或

单元三 诊断与排除发动机电控系统故障

P0304 以外的其他 DTC，则首先进行这些 DTC 的故障排除。

2. 检查 PCV 软管连接情况

检查 PCV 软管连接情况，PCV 软管连接应正确且无损坏。如果异常，修理或更换 PCV 软管；否则，进行下一步检查。

3. 检查输出 DTC

连接检测仪，读取是否有其他输出的故障码数目。如果输出多个 DTC，则转至步骤 12。如果只输出 1 个 DTC，则进行下一步检查。

4. 检查火花塞

拆下缺火气缸的点火线圈和火花塞，测量火花塞电极间隙，应为 0.8~0.9mm，检查电极应无积炭。如果电极间隙大于最大使用间隙 1.1mm，则更换火花塞。

如果检测结果正常，则进行下一步检查。

5. 检查火花和点火情况

断开所有喷油器连接器以避免发动机起动，将火花塞安装到点火线圈总成上，将火花塞正确搭铁，运转发动机时间不超过 2s，检查是否出现火花。正常情况下电极间隙间跳火。

注 意

- 一定要断开所有喷油器插接器。
- 不要使发动机运转 2s 以上。

如果检测结果异常，转至步骤 7；否则，进行下一步检查。

6. 检查缺火气缸的气缸压缩压力

测量缺火气缸的压缩压力，标准压缩压力为 1470kPa，最小压缩压力为 1078kPa。如果压力异常，检查发动机以确定压缩压力低的原因；如果压力正常，进行下一步。

7. 更换正常火花塞并检查缺火气缸的火花

用功能正常的火花塞更换原来安装的火花塞，进行火花测试。正常情况下电极间隙间跳火。

如果检测结果异常，更换点火线圈总成，然后确认无缺火现象；如果检测结果正常，更换火花塞。

8. 检查缺火气缸的 ECM 端子#10、#20、#30、#40 电压

断开 ECM 插接器 E9 和 E0，将点火开关旋至 ON 位置，测量 ECM 插接器端子间（#10—E01、#20—E01、#30—E01、#40—E01）的电压，应为 11~14V。然后，重新连接 ECM 插接器。

如果检测结果正常，转至步骤 10；如果检测结果异常，进行下一步检查。

9. 检查喷油器到 ECM 的线束和插接器

断开喷油器插接器（1 缸喷油器插接器 I2，2 缸喷油器插接器 I3，3 缸喷油器插接器 I4，4 缸喷油器插接器 I5，见图 3-44），将点火开关旋至 ON 位置，测量喷油器端子（I2-1、I3-1、I4-1、I5-1）与车身搭铁间的电压，应为 11~14V。

将点火开关旋至 OFF 位置，断开 ECU 插接器 E10，检测喷油器插接器到 ECU 插接器之间的电路是否正常。重新连接喷油器插接器和 ECU 插接器。

如果异常，修理或更换线束或插接器；否则，进行下一步。

线束侧：

前视图

图 3-44 喷油器插接器

10. 检查缺火气缸的喷油器

检查喷油器喷射情况、喷油量及喷射模式是否良好，标准喷油量应为 47 ~ 58cm³/15s。如果异常，更换喷油器总成；否则，进行下一步检查。

11. 检查缺火气缸的气门间隙

检查气门间隙，在冷态时进气门间隙应为 0.15 ~ 0.23mm，排气门间隙应为 0.28 ~ 0.36mm。

如果异常，调整气门间隙；否则，进行下一步检查。

12. 检查进气系统

检查进气系统是否有真空泄漏。如果进气系统有泄漏，修理或更换进气系统；否则，进行下一步检查。

13. 检查气门正时

拆下气缸盖罩，转动曲轴带轮，并将其凹槽与正时链条盖上的正时标记"0"对准，检查凸轮轴正时链轮和凸轮轴正时齿轮上的正时标记，如图 3-45 所示。如果没有对准，则转动曲轴 1 圈，然后检查对准标记。

如果气门正时异常，进行调整；否则，进行下一步检查。

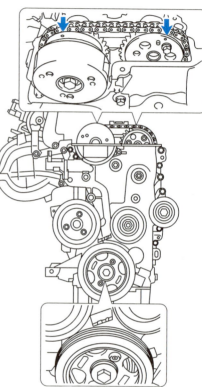

图 3-45 气门正时标记

14. 检查燃油压力

检查燃油压力，应为 304 ~ 343kPa。如果不符合标准，修理或更换燃油系统；否则，进行下一步检查。

15. 使用检测仪读取冷却液温度值

如果异常，检修或更换发动机冷却液温度传感器；否则，进行下一步检查。

16. 使用检测仪读取支管绝对压力值

如果检测结果异常，检修或更换支管绝对压力传感器；如果检测结果正常，检查间歇性故障。

17. 检查所有气缸是否均无缺火发生

在以上检测修理项目完成后，检查所有气缸，应均无缺火发生。

单元三 诊断与排除发动机电控系统故障

18. 执行行驶模式（图 3-46）

第 1 步：将检测仪连接到 DLC3，将点火开关旋至 ON 位置并打开检测仪，清除 DTC。

第 2 步：起动发动机并预热直到发动机冷却液温度达到 60℃ 或更高，使发动机怠速运转 3min 或更长时间，然后以 30～70km/h 的速度驱动车辆 3min 或更长时间。将点火开关旋至 OFF 位置。

第 3 步：重复第 2 步步骤，以设置 DTC（使用双程检测逻辑）。

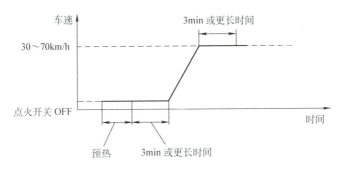

图 3-46　执行行驶模式

19. 检查是否再次输出 DTC

连接将检测仪，检查是否再次输出 DTC P0300、P0301、P0302、P0303 或 P0304，确认修理完成。

 完成学习工作页

学习工作页 2					
姓　　名		班　　级		小　　组	
日　　期		开始时间		结束时间	

完成任务

教师为你提供一辆或两辆（可采用相同或不同的车型）装有电控发动机的汽车，并设置故障（至少 2 种不同的故障，有明显的故障现象）。你按照以下程序完成诊断与排除。

◆ 记录车辆故障信息，准备相关维修手册和维修工具。
◆ 读取故障码，并按照维修手册的维修程序进行检测和维修。
◆ 填写故障诊断报告，并提供故障判断和维修建议。
◆ 回答鉴定教师可能提出的问题。

（续）

◆ 当你完成任务时，鉴定教师会认为你已经能够诊断与排除发动机电控系统故障。

<table>
<tr><th colspan="4">故障诊断报告1</th></tr>
<tr><td>车型</td><td></td><td>VIN</td><td></td></tr>
<tr><td>发动机型号</td><td></td><td>行驶里程</td><td></td></tr>
</table>

顾客反映的信息（故障现象）：

<table>
<tr><td rowspan="7">检查故障码</td><td colspan="3">□正常　　　　□故障码［　　　　］</td></tr>
<tr><td rowspan="6">定格数据</td><td>Injector</td><td></td></tr>
<tr><td>IGN Advance</td><td></td></tr>
<tr><td>AFM</td><td></td></tr>
<tr><td>Engine SPD</td><td></td></tr>
<tr><td>Coolant Temp</td><td></td></tr>
<tr><td>Vehicle SPD</td><td></td></tr>
</table>

记录主要检测步骤和检测结果：

故障判断和维修建议：

<table>
<tr><th colspan="4">故障诊断报告2</th></tr>
<tr><td>车型</td><td></td><td>VIN</td><td></td></tr>
<tr><td>发动机型号</td><td></td><td>行驶里程</td><td></td></tr>
</table>

顾客反映的信息（故障现象）：

单元三　诊断与排除发动机电控系统故障

（续）

检查故障码	定格数据	□正常　　　　□故障码 [　　　]	
		Injector	
		IGN Advance	
		AFM	
		Engine SPD	
		Coolant Temp	
		Vehicle SPD	

记录主要检测步骤和检测结果：

故障判断和维修建议：

指导教师评语

_____
_____

教师签字：_____　　　　　　　日期：_____

单元学习鉴定与反馈

单元三 小组鉴定计划

课程名称：电控发动机维修	单元名称：单元三 诊断与排除发动机电控系统故障

鉴定教师姓名：_____

鉴定目的：通过鉴定，确认学习者具有诊断与排除电控发动机故障的能力。

鉴定背景：授课教师_____；已经授课的时间_____学时；授课的地点_____

学生：专业_____年级_____班级_____

鉴定时间：_____鉴定地点：_____

鉴定方法：口头或书面回答问题、现场指认、展示操作技能

鉴定工具：口头或书面问题清单、观察和练习清单

合理的调整：根据实际需要进行调整

需要的资源：实训场地、具备电控发动机系统的车辆、各种工具和检测仪器

组织要求：有鉴定资格的教师进行鉴定，学生应遵守学生管理条例

具体安排：考虑鉴定中的职场健康与安全、平等参与、公平公正；保留鉴定的各项证据和反馈信息

需要收集的证据：口头或书面问题清单、观察和练习清单、出勤签到表、反馈信息

对学生的说明：1）认真阅读鉴定任务；2）操作中应遵守职场健康与安全的规定；3）应在教师规定的时间内独立完成鉴定任务；4）完成所有的鉴定任务并均获得合格，才能通过本单元的鉴定；5）鉴定结束后，请确认结果并填写反馈信息；6）如果鉴定为不合格，学生应有一次重新鉴定的机会

与相关人员的交流

姓名	职务	对鉴定安排的意见
_____	_____教研室主任_____	_____
_____	_____汽车系主任_____	
_____		

单元三　诊断与排除发动机电控系统故障

学习前对学生说明的鉴定信息

学生姓名：	学号：	小组：	班级：
课程名称：电控发动机的维修		单元名称：单元三　诊断与排除发动机电控系统故障	
鉴定策略	● 下面提供了单元三的鉴定工具 ● 在完成了两个鉴定工具后，鉴定师根据本单元要求对学生能力的满意程度做出及时评价 ● 若对该鉴定策略有任何意见，请尽快在鉴定之前与教师讨论。		
鉴定任务1	回答12个问题		
鉴定任务2	掌握发动机电控系统故障诊断与排除流程，能够根据维修手册等资料诊断与排除发动机电控系统常见故障		
如果得到对学生提供的详细鉴定信息，并同意以上鉴定策略，请你签字：_____			

单元三　学生鉴定成绩单

鉴定工具1：回答问题		日期	鉴定教师
第1次鉴定	合格□　不合格□		
第2次鉴定	合格□　不合格□		
鉴定工具2：技能鉴定		日期	鉴定教师
第1次鉴定	合格□　不合格□		
第2次鉴定	合格□　不合格□		
对终结性鉴定成绩的反馈——最后的结果		合格□　不合格□	
需要说明：			
完成日期：	学生签名：		鉴定教师签名：

鉴定工具1：口头或书面问题清单

课程名称：电控发动机维修	单元名称：单元三　诊断与排除发动机电控系统故障	
学生姓名：_____	鉴定教师姓名：_____	
鉴定时间：_____	鉴定地点：_____	
鉴定步骤：回答所有问题，问题的答案应符合汽车维修行业的要求		
正确回答以下问题（请选择：口头□　书面□）：	对	错	备注
1. 如何根据不同的车型选择正确的检测仪器	□	□	
2. 咨询用户车辆信息应注意哪些方面	□	□	
3. 进行故障诊断与排除的依据是什么	□	□	
4. 如果检测仪不能和车辆通信，应该怎样检查	□	□	
5. 结合故障码和定格数据分析故障	□	□	
6. 读取发动机数据表和主动测试有什么好处	□	□	
7. 在故障排除中，是否需要检查线束和插接器故障，为什么	□	□	
8. 当不能读取故障码时，怎样诊断与排除故障	□	□	
9. 使用故障现象模拟的方法时，应注意哪些事项	□	□	
10. 简述电控发动机不能起动的原因	□	□	
11. 简述电控发动机怠速不稳的原因	□	□	
12. 在排除发动机故障时，如何综合分析各系统的故障	□	□	
学生表现： 合格□　　不合格□		
给学生的反馈： 如果不合格，需要重新鉴定的说明：		
签字说明学生的表现，完成任务的能力和理论的理解 鉴定教师签字：			日期：
签字说明同意上述记录属实，反映了所完成的任务 学生签字：			日期：

单元三 诊断与排除发动机电控系统故障

鉴定工具2：练习和观察清单

课程名称：电控发动机维修	单元名称：单元三 诊断与排除发动机电控系统故障

学生姓名：_____   鉴定教师姓名：_____

鉴定时间：_____   鉴定地点：_____

任务说明：
确认学生具有正确维护发动机电控系统的能力。
任务1　根据故障码诊断与排除发动机电控系统故障
任务2　根据故障现象表和诊断程序排除发动机电控系统故障

鉴定步骤：需要展示所有技能，并能被鉴定教师观察到。

学生是否具备下列技能：	是	否	备注
1）实做是否遵守了安全操作程序	□	□	
2）是否识别了危害，并采用安全程序	□	□	
3）是否采用了正确的程序和信息，包括维修手册和说明	□	□	
4）是否选用了正确的设备和方法	□	□	
5）能否正确完成以上任务1、2	□	□	
6）维护完成后，是否完成了现场清理和交车前的准备工作	□	□	

学生表现：

合格 □　　　不合格 □

给学生的反馈：

如果不合格，需要重新鉴定的说明：

签字说明学生的表现，完成任务的能力和理论的理解
鉴定教师签字：　　　　　　　　　　　　　　　　　　　　　日期：

签字说明同意上述记录属实，反映了所完成的任务
学生签字：　　　　　　　　　　　　　　　　　　　　　　　日期：

单元三 信息反馈单

课程名称：电控发动机维修	单元名称：单元三 诊断与排除发动机电控系统故障

说明：请依次回答所有问题（勾选），1表示好（很满意），依次降低直到5，5表示不好（不满意）。

A 部分 —— 回顾单元

1. 本单元与你的工作或未来的工作相关程度：
   高 1 2 3 4 5 低
2. 本次培训结束，你的技能水平是：
   高 1 2 3 4 5 低

B 部分 —— 回顾授课

3. 学习资源的适宜程度（可能涉及：教科书、培训资源/笔记、视频、多媒体教学）：
   高 1 2 3 4 5 低

意见：_____

4. 设施和设备的适宜程度（可能涉及：职场、资源、房间、图书馆、多媒体）：
   高 1 2 3 4 5 低

意见：_____

C 部分 —— 回顾鉴定

5. 鉴定时，要求完成实做任务并回答问题。你是否认为鉴定能公平地评价你的技能和知识：
   高 1 2 3 4 5 低

意见：_____

6. 在合理的时间内，你是否得到了鉴定反馈：
   高 1 2 3 4 5 低

意见：_____

附录
丰田3SZ-FE发动机控制系统电路图

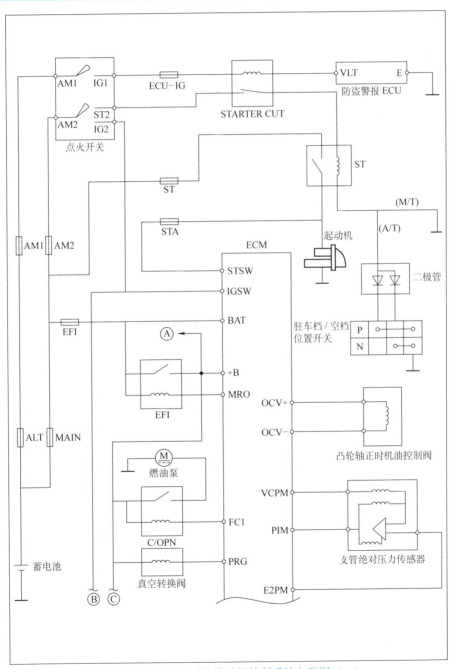

附图1　丰田3SZ-FE发动机控制系统电路图（一）

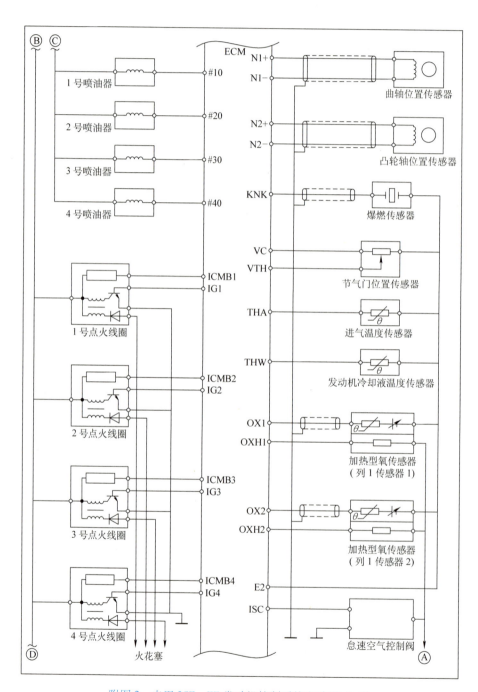

附图2　丰田3SZ-FE发动机控制系统电路图（二）

附录 丰田3SZ-FE发动机控制系统电路图

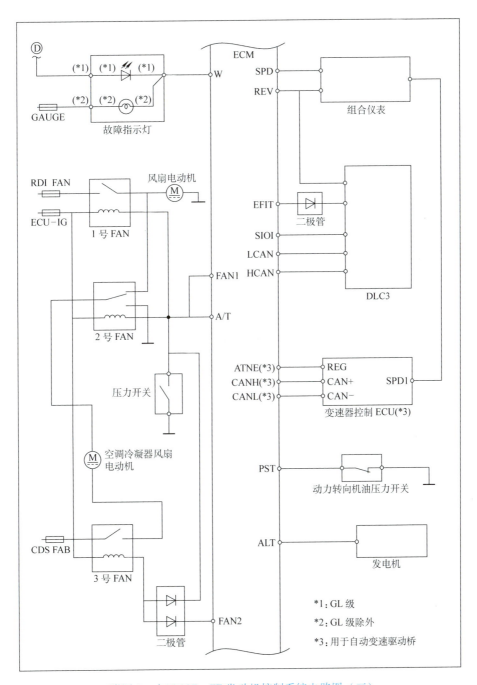

附图3 丰田3SZ-FE发动机控制系统电路图（三）

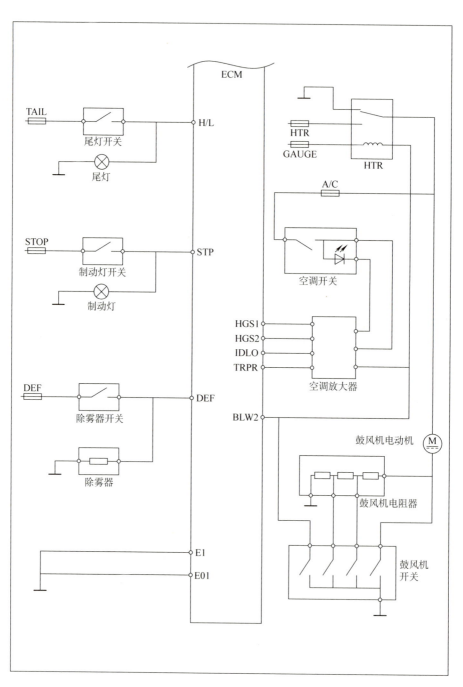

附图4　丰田3SZ－FE发动机控制系统电路图（四）

参 考 文 献

[1] 赵计平,袁苗达,李雷. 汽车售后服务人员培训能力标准 [M]. 重庆:重庆大学出版社,2015.
[2] SWAIM M. ASE 汽车职业技能提升指南(高级发动机性能 L1)[M]. 王凯明,译. 北京:机械工业出版社,2018.
[3] 上海通用汽车有限公司. 汽车发动机控制系统及检修 [M]. 北京:高等教育出版社,2016.
[4] STAUDT W. 汽车机电技术(二)[M]. 华晨宝马汽车有限公司,译. 北京:机械工业出版社,2010.